一問一答 英検®4級 完全攻略問題集

江川昭夫 著

音声
DL版

高橋書店

はじめに

　今日，世界はかつてないほどグローバル化が進み，そのスピードも，高度情報技術がもたらす大きな社会変革によってますます加速しています。こうした「グローバル社会」にあって，「世界共通言語」としての「英語」の役割と重要性がいっそう増していくことは間違いないでしょう。

　大きな志も小さな一歩を刻むことから始まるように，英語の学習も基礎から着実に積み上げていくことが重要です。

　筆者は長年，学校という教育現場で英語教育に取り組んできました。本書の執筆にあたっては，「英検」4級合格を目指すみなさんが「英語の基礎」を固めて合格を勝ち取り，そしてその喜びを「英語を学ぶ喜び」につなげ，より高い目標を目指すきっかけをつかめるように工夫を凝らしました。

　短期間で効率よく「英検」4級に合格するため，本冊は大別して「練習問題と解説」「攻略テクニック」「模擬試験」の3本柱で構成しました。さらに本番で落ち着いて実力を発揮できるよう，問題内容とレベル，選択肢を可能な限り実際の試験に近づけ，「再現性」を高めています。
　また別冊では，「スピーキングテスト」対策のほか，合否を大きく左右する「重要文法」「頻出単語」「頻出熟語」をまとめて確認できます。本冊の問題とあわせて，合格に必要な知識の獲得に役立ててください。

　本書を有効活用したみなさんが，「英検」4級に晴れて合格されることを心から願っております。

著者

CONTENTS ◆ 目次

本文デザイン／有限会社 エムアンドケイ　イラスト／森 海里，坂道なつ
編集協力／株式会社 一校舎，株式会社カルチャー・プロ，株式会社明昌堂
音声作成／有限会社 スタジオユニバーサル　校正／株式会社 ぷれす・株式会社 鷗来堂

英検®受験のポイント

　4級のレベルは，中学中級程度とされています。求められるレベルは「簡単な英語を理解でき，またそれを使って表現すること」です。
　試験は筆記（35分）とリスニング（約30分）に分かれ，二次試験はありません。
　また、試験の合否に関係なく，スピーキングテストを受けられます。

試験内容

筆記（35分）
35問

求められるおもな能力	形式	内容	問題数	問題文の種類	解答形式
語い・文法力	短文の語句空所補充	文脈に合う適切な語句を補う	15	短文会話文	4肢選択（選択肢印刷）
読解力	会話文の文空所補充	会話文の空所に適切な文や語句を補う	5	会話文	
作文力	日本文付き短文の語句整序	日本文を読み，その意味に合うように与えられた語句を並べかえる	5	短文	
読解力	長文の内容一致選択	パッセージの内容に関する質問に答える	10	掲示・案内　Eメール（手紙文）説明文	

リスニング（約30分）

30問

求められる おもな能力	形式	内容	問題数	問題文の 種類	解答形式
聴解力	会話の 応答文選択	会話の最後の発話に対する応答として最も適切なものを補う （放送回数2回，補助イラスト付き）	10	会話文	3肢選択 （選択肢読み上げ）
	会話の 内容一致選択	会話の内容に関する質問に答える （放送回数2回）	10		4肢選択 （選択肢印刷）
	文の 内容一致選択	短いパッセージの内容に関する質問に答える （放送回数2回）	10	物語文 説明文	

●試験日程

第1回	第2回	第3回
6月	10月	1月

●申し込み方法

インターネットや携帯電話，全国のコンビニエンスストア，「英検」特約書店から申し込めます。

●スピーキングテストについて

（別冊P.2 〜 7参照）

本書の特長

1 ▶ テーマ別に学べる〈分野別一問一答式問題〉

実際の本試験で出題される形式に沿ってパート分けしています。問題を解いたあと，解答・解説をすぐに確認できる一問一答式で，学習を効率的に進められます。

テーマ

問題は過去問を分析し，よく出題される重要なテーマ別にまとめています。

ポイント

テーマごとに学習上の注意点や，問題を解くためのポイントを示しています。

赤シートで隠せる

解答と選択肢などの日本語訳は文字色を赤くしています。

2 ▶ 本番形式の模擬試験

一問一答式の問題を解き終えたら，学習の仕上げとして本番形式の模擬試験を解きましょう。
時間を計り，本試験と同じ時間内で解く練習もできます。

3 ▶ 別冊 スピーキングテスト／重要文法＆頻出単熟語

スピーキングテストの概略と例題，押さえておくべき文法ポイント，頻出の単熟語を掲載しています。
また，頻出単熟語には品詞ごとに単熟語を掲載しているので，効率よく覚えられます。

第 1 章
だい　しょう

分野別
ぶんやべつ
一問一答問題
いちもんいっとうもんだい

Part 1

短文の語句空所補充
たんぶん ご く くうしょ ほじゅう

POINT

形式 (けいしき)	短文の空所に補充する語を4つの選択肢から1つ選ぶ
問題数 (もんだいすう)	15問(試験全体の20%位)
目標時間 (もくひょうじかん)	7分程度。1問を30秒以下で解くイメージ
傾向 (けいこう)	問題は「品詞」「熟語」「文法」の3種類。「品詞」が3分の2程度,「熟語」と「文法」で3分の1程度
対策 (たいさく)	まずは語い力を身につけよう。また動詞の形や代名詞の格変化などの文法知識を正確に習得しよう!

品詞問題
ひんしもんだい

テクニック❶ 単語の意味を正確に覚える!
たんご いみ せいかく おぼ

まずは語い力を増やすことに全力を注ぎましょう。
4級の場合,微妙な選択肢や意地悪な問題はほとんどありません。ですから,**語い力をつけることで正解を簡単に選べるようになります。**このことを意識しながら本書の問題を解いてみてください。
別冊に頻出単語をまとめているので,有効活用して語い力を高めましょう。

テクニック❷ 前後の単語とのつながりに注目!
ぜんご たんご ちゅうもく

「単語と単語のつながり」と「意味のかたまり」に着目しましょう。
〈例題〉Mr. James, please (　　) the question.
  1. have　　2. stop　　3. answer　　4. speak
(　　)の後ろの単語「"question"とのつながり」から"answer the question"という「かたまり」を意識すれば,選択肢3. answer が正解だとわかります。
とくに選択肢が動詞なら,直後の目的語(名詞)との関係に注目しましょう。

熟語問題

テクニック❸ 熟語は「ひとかたまり」で考える!

熟語問題では，熟語の一部を選択肢から選びます。

〈例題〉I was sleepy. I woke (　) early this morning.

　1. up　　2. down　　3. off　　4. on

"wake up"「目が覚める」という「ひとかたまり」の熟語を覚えていれば問題はすぐに解けます。正解は選択肢 1 です。

頻出熟語も別冊にまとめているので，有効活用してください!

文法問題

テクニック❹ 動詞の活用と代名詞の格変化を完全に理解しよう!

●動詞の活用…現在形，過去形，3 単現の s，進行形，不定詞，動名詞を正確に区別しましょう。

〈例題〉George is a student. He (　) to school every day.

　1. walk　　2. walks　　3. walked　　4. walking

He は 3 人称単数なので，正解は「3 人称単数現在(3 単現)の s」がついた 2. walks です。進行形〈be 動詞 + 〜 ing〉は be 動詞がないので成り立ちません。

●代名詞の格変化…主格，所有格，目的格，所有代名詞は完全に暗記してください。
　　　　　　　　　何度も口に出して九九のように覚えてしまうのが理想です。

〈例題〉Mr. Smith teaches (　) history.

　1. we　　2. our　　3. us　　4. ours

動詞の後ろには目的格が続くので，代名詞の格変化を暗記していれば，正解が 3 だと簡単にわかります。

短文の語句空所補充 　品詞問題

テーマ
1 会話中の名詞選択

| 学習日 | 目標時間 1問 **30**秒 | 得点 合格点3点 /5 |

次の (1) から (5) までの(　　)に入れるのに最も適切なものを 1, 2, 3, 4 の中から一つ選びなさい。

(1) **A**：I have a (　　　) for the movie tomorrow, but I can't go. Do you want it?

B：Of course! Thank you.

1. ticket 　　　　　　　　　**2**. trip

3. present 　　　　　　　　**4**. card

(2) **A**：I would like to go to Fukuoka next year. Do you know about the city?

B：I don't know about it well. Isn't it in the (　　) of Japan?

1. south 　　　　　　　　　**2**. lake

3. sea 　　　　　　　　　　**4**. river

(3) **A**：What did you do yesterday, Mika?

B：I took a piano (　　　).

1. vacation 　　　　　　　　**2**. novel

3. lesson 　　　　　　　　　**4**. homework

(4) **A**：How much is this chocolate?

B：It's a (　　) yen.

1. centimeter 　　　　　　　**2**. hour

3. hundred 　　　　　　　　**4**. dollar

(5) **A**：What did you do last weekend, Tom?

B：I went to a (　　　) with my family for Dad's birthday party.

1. bank 　　　　　　　　　　**2**. restaurant

3. station 　　　　　　　　　**4**. library

Point

まずは話題の中心や会話の場面と内容をつかむことが先決。

カタカナ語になっている名詞も多い。そこから意味を類推しよう！

解答と解説

(1) 訳 A：明日の映画のチケットがあるんだけど, 行けないんだ。チケットほしい？

B：もちろん！　ありがとう。

正解 **1**

解説▶「映画」に合う単語を選ぶ。**1.** ticket「チケット」　**2.** trip「旅行」

3. present「プレゼント」　**4.** card「カード」。

(2) 訳 A：来年, 福岡に行きたいんだ。その都市について知ってる？

B：よく知らないけど。それは日本の南になかったっけ？

正解 **1**

解説▶都市についてたずねられているので, 方角を指す south を選ぶ。

1. south「南」　**2.** lake「湖」　**3.** sea「海」　**4.** river「川」。

(3) 訳 A：昨日, 何したの, ミカ？

B：ピアノのレッスンを受けたわ。

正解 **3**

解説▶「ピアノの」に続く単語を選ぶ。take a lesson で「レッスンを受ける」。

1. vacation「休暇」　**2.** novel「小説」　**3.** lesson「レッスン」　**4.** homework「宿題」。

(4) 訳 A：このチョコレートはいくらですか。

B：100円です。

正解 **3**

解説▶How much で「いくら」と値段をたずねているので, 金額を表す「数字」で答える。**1.** centimeter「センチメートル」　**2.** hour「時間」　**3.** hundred「百」

4. dollar「ドル」。

(5) 訳 A：先週末は何をしてたの, トム？

B：父の誕生会のために家族でレストランに行ったよ。

正解 **2**

解説▶「家族」で「誕生会」に行くなら「レストラン」が自然。**1.** bank「銀行」

2. restaurant「レストラン」　**3.** station「駅」　**4.** library「図書館」。

テーマ **2** 文章中の名詞選択

学習日	目標時間 1問 **30**秒	得点 /5 合格点3点

次の (1) から (5) までの( )に入れるのに最も適切なものを 1, 2, 3, 4 の中から一つ選びなさい。

(1) Jeffery is going to visit Singapore this summer. He needs a ( ) to enter the country.

1. radio **2**. picture
3. passport **4**. sightseeing

(2) Tadashi cannot get up early in the morning. So, he wants to buy a new ( ).

1. computer **2**. map
3. alarm clock **4**. weather

(3) Betty's mother is a popular ( ). Many readers love her books.

1. writer **2**. pianist
3. engineer **4**. painter

(4) I went to the ( ) to see paintings by Picasso.

1. concert hall **2**. stadium
3. museum **4**. post office

(5) Mr. Fine is usually very busy, but he is going to have a ( ) with his family this summer.

1. vacation **2**. festival
3. beach **4**. hobby

場所，時，職業，学校，家庭，食べ物など日常生活に関わる名詞を
まんべんなく押さえよう！

空所前後の関係に注意するとともに，完成した英文が自然かも確認！

解答と解説

(1) 訳 ジェフリーは今年の夏，シンガポールを訪れるつもりだ。彼は
その国に入国するのにパスポートが必要だ。　　　　　　　　　　**正解 3**

　解説 to enter the country「その国に入るために」に注目。それに必要なものは
「パスポート」。**1**. radio「ラジオ」　**2**. picture「写真，絵」　**3**. passport「パスポー
ト」　**4**. sightseeing「観光」。

(2) 訳 タダシは朝早く起きることができない。だから，彼は新しい目
覚まし時計を買いたいと思っている。　　　　　　　　　　　　　**正解 3**

　解説「早起きが苦手」なら買いたいものは「目覚まし時計」と考えるのが自然。
1. computer「コンピューター」　**2**. map「地図」　**3**. alarm clock「目覚まし
時計」　**4**. weather「天気」。

(3) 訳 ベティの母は人気のある作家だ。多くの読者は彼女の本が大好
きだ。　　　　　　　　　　　　　　　　　　　　　　　　　　　**正解 1**

　解説 readers「読者たち」，books などから連想される職業は「作家」。**1**. writer
「作家」　**2**. pianist「ピアニスト」　**3**. engineer「エンジニア」　**4**. painter「画家」。

(4) 訳 私はピカソの絵を見るために美術館へ行った。　　　　　　　　**正解 3**

　解説 to see paintings「絵を見るために」に着目する。そのために行
く場所は「美術館」。
1. concert hall「コンサートホール」　**2**. stadium「スタジアム，競技場」
3. museum「美術館，博物館」　**4**. post office「郵便局」。

(5) 訳 ファイン氏はふだんとても忙しいが，今年の夏は家族といっしょ
に休暇をとることにしている。　　　　　　　　　　　　　　　　**正解 1**

　解説「ふだん忙しい」→「しかしこの夏は家族といっしょに」と考えれば「休
暇」だとわかる。have a beach では「海辺を所有する」となり不自然。
1. vacation「休暇」　**2**. festival「祭り」　**3**. beach「海辺」　**4**. hobby「趣味」。

テーマ **3** 会話中の動詞選択

学習日	目標時間 1問 30秒	得点 /5 合格点3点

次の (1) から (5) までの(　　)に入れるのに最も適切なものを 1, 2, 3, 4 の中から一つ選びなさい。

（1） **A**：Mom, next Tuesday is Grandma's birthday. I want to (　　) this present to her.

　　　B：That's a good idea. Let's go to the post office after lunch.

　　1. tell 　　　　　　　　　　**2**. keep
　　3. send 　　　　　　　　　　**4**. bring

（2） **A**：What did you do yesterday?

　　　B：I went to the library and (　　) some books from it.

　　1. answered 　　　　　　　　**2**. lent
　　3. asked 　　　　　　　　　　**4**. borrowed

（3） **A**：What's the matter, Richard? You (　　) sad.

　　　B：My cat died yesterday.

　　1. show 　　　　　　　　　　**2**. taste
　　3. look 　　　　　　　　　　**4**. keep

（4） **A**：What did you do last weekend?

　　　B：I (　　) in my room and did my homework all day.

　　1. was 　　　　　　　　　　**2**. played
　　3. lived 　　　　　　　　　　**4**. broke

（5） **A**：Kyla, shall we (　　) Mr. Robbins to the party?

　　　B：That sounds great.

　　1. invite 　　　　　　　　　　**2**. ask
　　3. give 　　　　　　　　　　**4**. get

Point　会話の自然な流れと動詞の正しい用法の両面から，答えを確認しよう！

正解以外の選択肢の動詞も覚えよう！

解答と解説

(1) 訳 A：お母さん，今度の火曜日はおばあちゃんの誕生日よ。このプレゼントを送りたいんだけど。
　　　 B：それはいい考えね。昼食のあと，郵便局へ行きましょう。
　　　正解 3
解説 「プレゼント」を「送る」と考える。「郵便局」もヒントになる。
1. tell「話す」　2. keep「保つ」　3. send「送る」　4. bring「持ってくる」。

(2) 訳 A：昨日は何をしたの？
　　　 B：図書館に行って，何冊か本を借りたよ。
　　　正解 4
解説 「図書館」で本を「借りる」と考える。lend「貸す」と混同しないこと！
1. answer「答える」　2. lend「貸す」　3. ask「たずねる」　4. borrow「借りる」。

(3) 訳 A：どうしたの，リチャード？　悲しそうな顔してる(に見える)よ。
　　　 B：昨日，ぼくの猫が死んだんだ。
　　　正解 3
解説 悲しそうに「見える」と考える。〈look + 形容詞〉で「〜に見える」。
1. show「見せる」　2. taste「味がする」　3. look「見える」　4. keep「保つ」。

(4) 訳 A：先週末は何をしてたの？
　　　 B：一日中，部屋の中にいて宿題をしてたよ。
　　　正解 1
解説 be動詞は「状態」を表す。一日中，部屋の中に「いる」という状態だったので，過去形の was が正解。
1. was：be動詞「〜である，（に）いる」の過去形　2. played：play「遊ぶ」の過去形，「遊ぶ」ことと「宿題をする」ことは同時にできない。　3. lived：live「住む」の過去形　4. broke：break「壊す，壊れる」の過去形。

(5) 訳 A：カイラ，パーティーにロビンズさんを招待しましょうか。
　　　 B：それはいいですね。
　　　正解 1
解説 invite A（人）to B（場所）で「A を B に招待する」。1. invite「招待する」
2. ask「たずねる，頼む」　3. give「与える」　4. get「手に入れる」。

テーマ 4

文章中の動詞選択

ぶんしょうちゅう　どう し せん たく

学習日	目標時間 1問 **30**秒	得点 /5 合格点3点
/		/

次の (1) から (5) までの (　) に入れるのに最も適切なものを 1, 2, 3, 4 の中から一つ選びなさい。

(1) Amy bought a new bike three weeks ago, but she doesn't (　) it at all.

1. make　　　　　　　　**2**. cut

3. ride　　　　　　　　**4**. join

(2) Michael will (　) his own personal computer next month.

1. become　　　　　　**2**. get

3. wear　　　　　　　**4**. catch

(3) Miki has a cold, so she cannot (　) her aunt today.

1. visit　　　　　　　**2**. think

3. call　　　　　　　　**4**. drop

(4) My father and I are planning to go to Mt. Fuji and (　) a picture of it.

1. write　　　　　　　**2**. meet

3. paint　　　　　　　**4**. catch

(5) We went to Kyoto and Nara last October and (　) a very good time.

1. played　　　　　　**2**. talked

3. had　　　　　　　　**4**. read

Point

動詞と前後(とくに後ろ)の名詞との組み合わせに注意しよう。

動詞は意味だけでなく,用法(= 使い方)にも気をつけよう！

解答と解説

(1) **訳** エイミーは3週間前に新しい自転車を買ったが,まったく乗らない。

正解 3

解説「自転車を買った」→「しかし,まったく○○ない」の前後関係を考えれば ride「乗る」が正解だとわかる。

1. make「作る」　2. cut「切る」　3. ride「乗る」　4. join「参加する」。

(2) **訳** マイケルは来月,自分のパソコンを手に入れるつもりだ。

正解 2

解説「自分のパソコンをどうするつもりか」を考えれば,自然に「買う」「手に入れる」などが浮かぶが,ほかの選択肢を消去法で処理するのも効果的。

1. become「なる」　2. get「手に入れる」　3. wear　「着る」　4. catch「つかむ」。

(3) **訳** ミキは風邪をひいているので,今日はおばさんを訪ねることができない。

正解 1

解説「風邪をひいている」→「おばさんを○○することができない」と考えれば visit「訪ねる」が自然。消去法を使ってほかの選択肢も確認すれば万全。

1. visit「訪ねる」　2. think「考える」　3. call「呼ぶ,電話をかける」,風邪をひいても電話はできるので不正解。4. drop「落ちる,落とす」。

(4) **訳** 私の父と私は,富士山に行って富士山の絵を描く予定だ。

正解 3

解説「(絵の具を使って)描く」は paint.「(鉛筆で)描く」のは draw.

1. write「書く」　2. meet「会う」　3. paint「描く」　4. catch「捕まえる」。

(5) **訳** 私たちは昨年の10月,京都と奈良へ行き,とても楽しい時間を過ごした。

正解 3

解説「楽しい時間を過ごす」は have a good time で慣用表現。spend a good time とは言わない。

1. play「する」　2. talk「話す」　3. have「持つ,過ごす」　4. read「読む」。

次の (1) から (5) までの(　　)に入れるのに最も適切なものを 1，2，3，4 の中から一つ選びなさい。

(1) A：Dad, this math problem is not (　　). Can you give me a hint?

B：OK. Show it to me.

1. easy
2. strong
3. clever
4. perfect

(2) A：Takeshi, your room is (　　)! Clean it right now.

B：Well, I'll do it later.

1. large
2. ready
3. dirty
4. interesting

(3) A：Is your bike very (　　)?

B：No, it's only 8,000 yen.

1. beautiful
2. old
3. expensive
4. clean

(4) A：Dinner's ready, Hiro.

B：Finally! I'm really (　　).

1. hot
2. thirsty
3. heavy
4. hungry

(5) A：Mike solved the problem in a minute!

B：He is very (　　). He is the best student in our class.

1. clever
2. light
3. busy
4. soft

Point

会話の内容，登場人物の心境を考えて，あてはまる形容詞を考える。

問題文中の"not"を見逃して意味が反対のものを選ばないよう，注意しよう！

解答と解説

(1) 訳 A：お父さん，この数学の問題は簡単じゃないわ。ヒントをくれない？

B：わかった。問題を見せて。

正解 1

解説 ヒントが必要ということは，問題は「難しい」→「簡単でない」と考える。
1. easy「簡単な」 2. strong「強い」 3. clever「賢い」 4. perfect「完全な」。

(2) 訳 A：タケシ，あなたの部屋は汚いわ。今すぐに掃除しなさい。

B：うーん，あとでやるよ。

正解 3

解説 掃除が必要ということは，部屋は dirty「汚い」と考える。1. large「大きい」
2. ready「用意ができて」 3. dirty「汚い」 4. interesting「おもしろい」。

(3) 訳 A：あなたの自転車はとても(値段が)高い？

B：いや，たったの 8000 円だよ。

正解 3

解説 No と否定していること, only 8,000 yen「たったの 8000 円」に着目する。
1. beautiful「美しい」 2. old「古い」 3. expensive「(値段が)高い」 4. clean「きれい」。

(4) 訳 A：夕食ができたわよ，ヒロ。

B：やっとできたね！　本当に腹ぺこだよ。

正解 4

解説 夕食ができて，「やっと，ようやく」と返事をしている → とても「おなかがすいている」と考える。1. hot「暑い」 2. thirsty「のどが渇いた」 3. heavy「重い」 4. hungry「空腹の」。

(5) 訳 A：マイクはすぐにその問題を解いたよ。

B：彼はとても賢い。私たちのクラスで一番よくできる生徒だよ。

正解 1

解説 すぐに問題を解けるのは「賢い」から。the best student もヒントになる。
1. clever「賢い」 2. light「軽い」 3. busy「忙しい」 4. soft「柔らかい」。

次の (1) から (5) までの( )に入れるのに最も適切なものを 1，2，3，4 の中から一つ選びなさい。

(1) My father's curry and rice is very ( ). All my family members like it very much.

　　1. delicious　　　　　　　　**2**. noisy
　　3. interesting　　　　　　　**4**. cheap

(2) We must be ( ) while we are listening to classical music in a concert hall.

　　1. noisy　　　　　　　　　　**2**. dry
　　3. important　　　　　　　　**4**. quiet

(3) Masato's ( ) sport is badminton because it is fun to play it.

　　1. favorite　　　　　　　　　**2**. beautiful
　　3. famous　　　　　　　　　**4**. useful

(4) Jenny is very ( ), so everyone likes her very much.

　　1. cold　　　　　　　　　　**2**. kind
　　3. lucky　　　　　　　　　　**4**. sad

(5) Monday is the ( ) day of the week for me.

　　1. smallest　　　　　　　　　**2**. busiest
　　3. tallest　　　　　　　　　　**4**. cleverest

Point 形容詞は名詞との関わりが重要。どの名詞と関わっているかに注意！

4級では形容詞の出題がぐっと増える。選択肢の形容詞の意味はすべて覚えよう！（別冊 P.57～60）

解答と解説

(1) 訳 私の父のカレーライスはとてもおいしい。私の家族は全員それが大好きだ。
解説 「食べ物 (curry and rice) が○○」→「家族はみな大好き」と考えれば delicious「おいしい」とわかる。
1. delicious「おいしい」 **2.** noisy「うるさい，やかましい」 **3.** interesting「興味深い」 **4.** cheap「(値段が)安い，安っぽい」。

(2) 訳 コンサートホールでクラシック音楽を聞いている間は，静かにしないといけない。
解説 音楽を聞いている間は，私たちは「静か」でないといけないと考える。
1. noisy「騒がしい」 **2.** dry「乾いた」 **3.** important「重要な」 **4.** quiet「静かな」。

(3) 訳 競技するのが楽しいので，マサトの大好きなスポーツはバドミントンだ。
解説 理由を表す because 以下に注目。「スポーツ」「楽しい」と自然につながる形容詞は favorite「大好きな」しかない。
1. favorite「大好きな」 **2.** beautiful「美しい」 **3.** famous「有名な」 **4.** useful「役に立つ」。

(4) 訳 ジェニーはとても親切だから，だれもが彼女のことが大好きだ。 正解 2
解説 みなが大好きになるような性格は「親切な」と考え，kind を選ぶ。**1.** cold「冷たい」 **2.** kind「親切な」 **3.** lucky「幸運な」 **4.** sad「悲しい」。

(5) 訳 月曜日は私にとって1週間の中で一番忙しい日だ。 正解 2
解説 すべての選択肢が最上級になっているが，あとに続く day に注目すると，busy「忙しい」とうまくつながる。
1. smallest：small (小さい)の最上級 **2.** busiest：busy (忙しい)の最上級
3. tallest：tall (高い)の最上級 **4.** cleverest：clever (賢い)の最上級。

学習日 ／ ｜ 目標時間 1問 **30**秒 ｜ 得点 ／5 合格点3点

次の (1) から (5) までの(　)に入れるのに最も適切なものを 1，2，3，4 の中から一つ選びなさい。

(1) I visited New Zealand two years (　　).

☐ **1**. away **2**. ago
3. last **4**. late

(2) Takeshi went to bed very (　　) yesterday because he was very tired.

☐ **1**. early **2**. much
3. slowly **4**. fast

(3) Mirei is studying (　　) for the test next week.

☐ **1**. hard **2**. high
3. beautifully **4**. easily

(4) John and I are good friends. We play tennis (　　) after school every day.

☐ **1**. again **2**. together
3. usually **4**. next

(5) Jessy and his family go to church every Sunday, and they (　　) spend Christmas with his grandparents.

☐ **1**. someday **2**. finally
3. heavily **4**. often

Point

副詞はおもに動詞を修飾する。

hard, heavily, fast など「程度」を表す副詞はとくに，動詞や前後の語句との組み合わせに注意！

解答と解説

(1) **訳** 私は2年前にニュージーランドを訪れた。　正解 **2**

解説 過去形の visited に着目。～ ago で「～前に」と過去を表す。

1. away「離れて」　**2**. ago「前に」　**3**. last「最後の」　**4**. late「遅く」。

(2) **訳** タケシはとても疲れていたので，昨日はとても早く寝た。　正解 **1**

解説 疲れていたので「早く」寝たと考えるのが自然。

1. early「早く」　**2**. much「たくさん」，動詞が slept [sleep] なら slept very much「たくさん寝た（る）」とできるが，went to bed は「寝床についた」ので，不自然。　**3**. slowly「ゆっくりと」　**4**. fast「速く」，fast は動作の速さを表す。early との区別に注意。

(3) **訳** ミレイは来週のテストのために一生懸命，勉強している。　正解 **1**

解説 動詞の study を修飾する副詞は hard が適切。

1. hard「一生懸命に」　**2**. high「高く」　**3**. beautifully「美しく」　**4**. easily「簡単に」。

(4) **訳** ジョンと私は親友だ。私たちは毎日，放課後いっしょにテニスをする。　正解 **2**

解説 毎日，放課後「いっしょに」テニスをすると考える。

1. again「再び」　**2**. together「いっしょに」　**3**. usually「ふつう，たいてい」　**4**. next「次に」。

(5) **訳** ジェシーと彼の家族は毎週日曜日に教会に行き，クリスマスはよく彼の祖父母といっしょに過ごします。　正解 **4**

解説 家族で教会に行くのは「毎週」なので，祖父母といっしょに過ごす，を修飾するのは，前後の関係から頻度を表す often「よく」だとわかる。sometimes「ときどき」，usually「たいてい」，always「いつも」などほかの「頻度」を表す副詞もまとめて覚えよう。**1**. someday「いつの日か」　**2**.finally「ついに」（=at last）　**3**. heavily「激しく」，rain や snow などの動詞とともに使うことが多い，「程度」を表す副詞。**4**. often「よく」。

テーマ 8

会話中の熟語の動詞選択

| 学習日 | 目標時間 1問 30秒 | 得点 /5 合格点3点 |

次の (1) から (5) までの( )に入れるのに最も適切なものを 1，2，3，4 の中から一つ選びなさい。

(1) **A**：Please ( ) hello to your wife, Mr. Bush.
B：OK, I will.
1. say　　　　　　　　　　**2**. tell
3. speak　　　　　　　　　**4**. talk

(2) **A**：Why do you wash your hands so often?
B：Because I don't want to ( ) cold.
1. answer　　　　　　　　**2**. end
3. make　　　　　　　　　**4**. catch

(3) **A**：I feel bad, but I don't know the reason.
B：You should ( ) a doctor.
1. look　　　　　　　　　**2**. see
3. keep　　　　　　　　　**4**. become

(4) **A**：Look! The bus is arriving now!
B：( ) up! I don't want to miss it.
1. Look　　　　　　　　　**2**. Shut
3. Hurry　　　　　　　　　**4**. Get

(5) **A**：Did you ( ) a good time in New Zealand?
B：Yes, of course. I really enjoyed myself there.
1. have　　　　　　　　　**2**. take
3. walk　　　　　　　　　**4**. carry

Point

まずはどの単語とかたまりで熟語になっているかを確認する。

会話によく使われる熟語をしっかり覚えよう！

解答と解説

(1) 訳 A：あなたの奥さんによろしくお伝えください，ブッシュさん。

B：わかりました，そうします。

正解 **1**

解説 say hello to 〜で「〜によろしく言う」。別れ際に相手と相手の家族への配慮を示すのによく使われる表現。**1.** say「言う」 **2.** tell「話す（伝える）」
3. speak「話す（声を出す）」 **4.** talk「話す（気軽にしゃべる）」。

(2) 訳 A：なぜあなたはそんなによく手を洗うの？

B：風邪をひきたくないからなんだ。

正解 **4**

解説 名詞の cold は「風邪」。catch (a) cold で「風邪をひく」。get (a) cold もほぼ同じ意味。have (a) cold は「風邪をひいている」という状態を表すので，しっかり区別することが大切。
1. answer「答える」 **2.** end「終わる」 **3.** make「作る」 **4.** catch「捕まえる」。

(3) 訳 A：気分が悪いんだけど，理由がわからないの。

B：医者に診てもらうべきだよ。

正解 **2**

解説 see a doctor で「医者に診てもらう」。**1.** look「見える」 **2.** see「会う，見る」 **3.** keep「保つ」 **4.** become「なる」。

(4) 訳 A：ほら見て！　もうバスが到着するところだよ！

B：急いで！　あれに乗り遅れたくないの。

正解 **3**

解説 すぐそこまでバスが来ているという切羽詰まった状況なので，Hurry up!「急いで！」が自然。**1.** Look up!「見上げて！」 **2.** Shut up!「お黙り！」
3. Hurry up!「急いで！」 **4.** Get up!「起きて！」，これでは会話中に寝ていることになるのでありえない。

(5) 訳 A：ニュージーランドで楽しく過ごしましたか。

B：もちろんです。本当に楽しく過ごしました。

正解 **1**

解説 have a good time で「楽しく過ごす」。enjoy oneself もほぼ同じ意味なので，両方あわせて覚えよう。**1.** have「持つ，経験する」 **2.** take「取る」
3. walk「歩く」 **4.** carry「運ぶ」。

文章中の熟語の
動詞選択

学習日	目標時間 1問 **30**秒	得点 ／5 合格点3点

次の (1) から (5) までの(　　)に入れるのに最も適切なものを 1，2，3，4 の中から一つ選びなさい。

(1) My father always (　　) a bath before going to bed.

　1. sends　　　　　　　**2**. brings

　3. takes　　　　　　　**4**. makes

(2) Laura (　　) a headache yesterday and took some medicine.

　1. had　　　　　　　　**2**. kept

　3. saved　　　　　　　**4**. cut

(3) I would (　　) to be a scientist in the future.

　1. like　　　　　　　　**2**. do

　3. want　　　　　　　　**4**. send

(4) Amanda (　　) for a baby clothing company. She likes her job.

　1. thinks　　　　　　　**2**. works

　3. walks　　　　　　　**4**. ends

(5) Jessica was sick, and she (　　) off the train at the next station.

　1. called　　　　　　　**2**. stayed

　3. turned　　　　　　　**4**. got

Point

make，take，have などの基本的な動詞を使った熟語が多い。

一見，正しいように思える組み合わせに飛びつかず，文全体の意味を考えて選ぶ。

解答と解説

(1) **訳** 私の父はいつも寝る前に風呂に入る。

解説 take a bath で「風呂に入る」。

1. send「送る」　**2.** bring「持ってくる」　**3.** take「取る，連れていく」　**4.** make「作る」。

 正解 **3**

(2) **訳** 昨日，ローラは頭痛がして薬を飲んだ。

解説 have a headache「頭痛がする」。頭痛を「持っている」と考える。

1. have「持っている」　**2.** keep「保つ」　**3.** save「保存する」　**4.** cut「切る」。

 正解 **1**

(3) **訳** ぼくは将来，科学者になりたい。

解説 would like to ～で「～したい」。want よりもやや控えめな表現。

1. like「好む」　**2.** do「する」　**3.** want「ほしい」　**4.** send「送る」。

 正解 **1**

(4) **訳** アマンダはベビー服の会社に勤めている。彼女は自分の仕事が好きだ。

解説 work for ～で「～に勤務する」。job「仕事」もヒントになる。

1. think「考える」　**2.** work「仕事をする」　**3.** walk「歩く」　**4.** end「終わる」。

 正解 **2**

(5) **訳** ジェシカは具合が悪かったので，次の駅で列車を降りた。

解説 get off ＋乗り物で「～を降りる」。乗る場合は get on。

1. call off「中止する」，準2級で頻出。　**2.** stay「とどまる」：stay off「近づかない」も準2級で頻出。　**3.** turn off「消す」，4級で頻出。　**4.** get off「降りる」。

 正解 **4**

次の (1) から (5) までの( )に入れるのに最も適切なものを 1，2，3，4 の中から一つ選びなさい。

(**1**) Yuta has a stomachache and is ( ) from school today.

1. absent   **2**. perfect

3. hard   **4**. worried

(**2**) Meg is ( ) at playing the piano and wants to be a pianist.

1. bad   **2**. poor

3. good   **4**. lucky

(**3**) My father is ( ) in collecting coins.

1. interested   **2**. proud

3. pretty   **4**. interesting

(**4**) **A**：Don't be ( ) for school again, Keisuke.

B：All right, Mom.

1. fast   **2**. late

3. early   **4**. long

(**5**) **A**：Where is Ann? Did she go out?

B：She is ( ) in bed now.

1. sad   **2**. happy

3. kind   **4**. ill

Point

〈形容詞 ＋ 前置詞〉の組み合わせで使われる熟語に注意。

前置詞も含めて正確に覚えよう！

解答と解説

(1) 訳 ユウタはおなかが痛いので今日，学校を休んでいる。 正解 1

解説 be absent from ～「～を欠席している」。

1. absent「欠席して」　**2.** perfect「完全な」　**3.** hard「難しい」　**4.** worried「心配して」。

(2) 訳 メグはピアノを弾くのが上手で，ピアニストになりたいと思っている。 正解 3

解説 be good at ～「～が上手である」。

1. bad「悪い」　**2.** poor「貧しい」：be poor at ～「～が苦手」は 3 級で頻出。

3. good「よい，上手な」　**4.** lucky「幸運な」。

(3) 訳 私の父はコインを集めることに興味を持っている。 正解 1

解説 be interested in ～で「～に興味を持っている」。

1. interested「興味を持った」　**2.** proud「誇りがある」　**3.** pretty「かわいい」

4. interesting「おもしろい」。

(4) 訳 A：もう学校に遅刻してはダメよ，ケイスケ。

　　 B：わかったよ，お母さん。 正解 2

解説 be late for ～で「～に遅刻する」。

1. fast「速い」　**2.** late「遅れて」　**3.** early「早い」　**4.** long「長い」。

(5) 訳 A：アンはどこ？　出かけたの？

　　 B：彼女は今，病気で寝ています。 正解 4

解説 be ill in bed「病気で寝ている」。be sick in bed もほぼ同じ意味だが，sick よりも ill のほうが深刻なニュアンスがある。

1. sad「悲しい」　**2.** happy「幸せな」　**3.** kind「親切な」　**4.** ill「病気の」。

テーマ **11** 熟語の前置詞選択

| 学習日 | 目標時間 1問 **30**秒 | 得点 /5 合格点3点 |

次の (1) から (5) までの(　)に入れるのに最も適切なものを 1，2，3，4 の中から一つ選びなさい。

(1) I didn't know Charles well in high school, but I became friends (　　) him in college.

　1. in　　　　　　　　　　　　　**2**. with
　3. on　　　　　　　　　　　　　**4**. over

(2) Tony left his bag in the train. He went back to the station to look (　　) it.

　1. for　　　　　　　　　　　　　**2**. in
　3. at　　　　　　　　　　　　　**4**. after

(3) There is a bank (　　) front of the station.

　1. with　　　　　　　　　　　　**2**. on
　3. off　　　　　　　　　　　　　**4**. in

(4) **A**：Where are you going, Ken?
　B：I am (　　) my way to my uncle's house.

　1. by　　　　　　　　　　　　　**2**. out
　3. on　　　　　　　　　　　　　**4**. down

(5) **A**：Thomas, it's 8:00.　Get ready (　　) once!
　B：Oh, no!　I have to hurry now!

　1. in　　　　　　　　　　　　　**2**. at
　3. with　　　　　　　　　　　　**4**. on

Point

〈動詞 ＋ 前置詞〉や〈前置詞 ＋ 名詞〉など，かたまりで意味をつかむ。

重要な基本フレーズは声に出して覚えよう！

解答と解説

(1) 訳 高校生のとき，チャールズのことはあまりよく知らなかったが，大学で彼と友だちになった。 正解 **2**

解説 become friends with ～「～と友だちになる」。make friends with ～も同じ意味。複数形の "friends" を使う理由は，友だちになるということは自分と相手の2人が友だち (friends) になることだから。また，それには相手が必要なので "with ＋ 相手" となる。shake hands with ～「～と握手する」も同様。手は2本で，相手が必要。

(2) 訳 トニーはかばんを列車の中に置き忘れてしまった。彼はそれを捜すために駅に戻った。 正解 **1**

解説 「かばんを置き忘れた」＋「駅に戻った」ことを考えれば，その「目的」はかばんを「捜す」ことだとわかる。1. look for ～「～を捜す」 2. look in ～「～の中を見る，のぞく」 3. look at ～「～を見る，に目を向ける」 4. look after ～「～の世話をする」：take care of ～と同じ表現，3級で頻出。

(3) 訳 駅前に銀行がある。 正解 **4**

解説 in front of ～「～の前に」。before はおもに「時間的」に「前」を表すのに対して，in front of は「位置的」に「前」であることを表す。

(4) 訳 A：どこへ行くの，ケン？
B：おじさんの家へ行く途中だよ。 正解 **3**

解説 on one's way to ～で「～へ行く途中で」。on the way to ～でも同じ意味になる。

(5) 訳 A：トーマス，8時よ。すぐに支度しなさい！
B：しまった！　急がなきゃ。 正解 **2**

解説 at once で「すぐに，ただちに」。B の発言から，B が急いでいることに注目。これを考えれば，at once「すぐに」が自然に思い浮かぶ。

短文の語句空所補充 熟語問題

テーマ 12 熟語の名詞選択

| 学習日 | 目標時間 1問 **30**秒 | 得点 /5 合格点3点 |

次の (1) から (5) までの( )に入れるのに最も適切なものを 1, 2, 3, 4 の中から一つ選びなさい。

(1) Jim likes studying, and he usually studies in the library after (   ).

1. gym   **2**. all
3. place   **4**. school

(2) Bob drinks a (   ) of orange juice every morning.

1. glass   **2**. pot
3. piece   **4**. slice

(3) I didn't go out yesterday because I had to do my (   ).

1. shopping   **2**. computer
3. homework   **4**. fishing

(4) **A**：We have to go now, Julia.
B：Just a (   ), Dad. I'm looking for my cell-phone.

1. minute   **2**. hour
3. season   **4**. afternoon

(5) **A**：William, I'm not ready for dinner yet. Can you wait?
B：Sure. No (   ).

1. problem   **2**. speech
3. present   **4**. answer

Point

名詞中心の熟語は，名詞の意味を知っていれば全体の意味を推測できる。

短く簡単なため，日常でもよく使われる表現ばかり！

解答と解説

(1) 訳 ジムは勉強するのが好きで，彼はたいてい放課後に図書館で勉強する。 正解 **4**

解説 after school「放課後に」。答えそのものは難しくない。「仕事のあとに」は after work という。
1. gym「体育館」 **2.** all：after all で「結局」の意味。「(思い通りにならず)結局…」という使い方が普通。 **3.** place「場所」 **4.** school「学校」。

(2) 訳 ボブは毎朝，オレンジジュースを1杯飲む。 正解 **1**

解説 a glass of ～「(グラス)1杯の～」。日本語の「コップ」は英語では glass になる。a cup of ～の cup は「(お茶やコーヒー用の)カップ」。
1. glass「グラス」 **2.** pot「鍋」 **3.** piece「～切れ」 **4.** slice「～切れ，～枚」。

(3) 訳 私は宿題をしなければならなかったので，昨日は外出しなかった。 正解 **3**

解説 do one's homework「宿題をする」。
1. shopping「買い物」 **2.** computer「コンピューター」 **3.** homework「宿題」 **4.** fishing「魚釣り」。

(4) 訳 A：もう行かないと，ジュリア。
B：ちょっと待って，お父さん。私の携帯電話を捜しているの。 正解 **1**

解説 just a minute や just a moment は「ちょっと待って」の慣用表現。
1. minute「分」 **2.** hour「時間」 **3.** season「季節」 **4.** afternoon「午後」。

(5) 訳 A：ウィリアム，まだ夕食の準備ができてないのよ。待ってくれる？
B：もちろん。問題ないよ。 正解 **1**

解説 No problem で「問題ない，いいとも」。
1. problem「問題」 **2.** speech「スピーチ，演説」 **3.** present「プレゼント，贈り物」 **4.** answer「答え」。

テーマ 13 文法①

学習日 / 目標時間 1問 30秒 得点 /5 合格点3点

次の (1) から (5) までの(　)に入れるのに最も適切なものを 1，2，3，4 の中から一つ選びなさい。

(1) I am going to visit the museum with my father tomorrow.　He (　) the names of many famous paintings.

1. knows 　　　　　　　　　　**2**. knew
3. to know 　　　　　　　　　**4**. known

(2) Yuki enjoyed (　) to her grandfather after dinner last night.

1. talk 　　　　　　　　　　　**2**. talks
3. talking 　　　　　　　　　 **4**. talked

(3) Martha went to the bookstore (　) some books.

1. buy 　　　　　　　　　　　**2**. bought
3. buying 　　　　　　　　　 **4**. to buy

(4) **A**：Why were you so busy then, Masako?
　　B：I (　) my mother with the cooking.

1. help 　　　　　　　　　　　**2**. was helping
3. helping 　　　　　　　　　 **4**. will help

(5) **A**：Do you have any good plans for the weekend?
　　B：Yes. I want (　) shopping at the department store.

1. go 　　　　　　　　　　　　**2**. went
3. going 　　　　　　　　　　 **4**. to go

Point

現在形，過去形，進行形，不定詞，動名詞の形をしっかり覚えよう！

とくに不定詞と動名詞は頻出！ 用法もしっかり覚えておくこと。

解答と解説

(1) 訳 私は明日，父と美術館を訪れるつもりだ。彼は多くの有名な絵の名前を知っている。

解説 He が主語なので knows が正解。3 人称単数の主語で現在形なので，s が必要。know は「知っている」で，状態を表す。

(2) 訳 ユキは昨晩，夕食後に祖父と話をすることを(話して)楽しんだ。

解説 enjoy + 動名詞 (~ ing) で，「~することを(~して)楽しむ」。finish + 動名詞 (~ ing)「~し終える」， stop + 動名詞 (~ ing)「するのを止める」もあわせて覚えよう。

(3) 訳 マーサは本を数冊買うために書店に行った。

解説 「本を買うために書店に行った」と考える。to buy は不定詞の副詞的用法で，「~するために」と目的を表す意味になる。

(4) 訳 A：あのときなぜそんなに忙しかったの，マサコ？
B：お母さんの料理を手伝っていたの。

正解 2

解説 「そのときに『手伝った(過去形)』から忙しかった」では不自然。「そのときちょうど『手伝っていた，手伝っている最中だった(過去進行形)』から忙しかった」と考えるのが自然。過去進行形は〈was/were + ~ ing〉。be 動詞を忘れないこと。

(5) 訳 A：週末に何かいい計画ある？
B：ええ，あるわよ。私はデパートに買い物に行きたいわ。

正解 4

解説 〈want + to 不定詞〉で「~したい」の意味。「願望」を表す動詞 want, hope, wish の後ろは to 不定詞と覚えておこう。

テーマ 14 文法②

| 学習日 | 目標時間 1問 30秒 | 得点 /5 合格点3点 |

次の (1) から (5) までの( )に入れるのに最も適切なものを 1，2，3，4 の中から一つ選びなさい。

(1) He ( ) read Chinese.

1. able to　　　　　　**2**. is able to

3. ability　　　　　　**4**. able

(2) It is not going to rain today.　So I don't ( ) take my umbrella.

1. will　　　　　　**2**. must

3. have　　　　　　**4**. have to

(3) **A**：Shall we go to the shopping mall?

B：( )

1. Yes, I do.　　　　　　**2**. Yes, let's.

3. How much?　　　　　　**4**. Let's find it.

(4) **A**：( ) I open the window, Mr. Smith?

B：No, thank you.

1. Be　　　　　　**2**. Shall

3. Will　　　　　　**4**. Have

(5) **A**：( ) you lend me the CD, please?

B：Certainly.

1. May　　　　　　**2**. What

3. Please　　　　　　**4**. Will

Point

助動詞の基本的な意味を押さえる。

よく使う疑問文に対する答え方も覚えておこう！

解答と解説

(1) 訳 彼は中国語を読むことができる。　正解 **2**

解説 be able to ＝ can で「〜できる」。主格の he の後ろには動詞が必要。正解の選択肢 2 には be 動詞があるが，それ以外の選択肢にはすべて動詞がないため，そもそも文として成り立たない。able は形容詞，ability は「能力」の意味の名詞。

(2) 訳 今日は雨が降りそうもない。だから，傘を持っていく必要はない。　正解 **4**

解説 don't have to 〜で「〜する必要はない」。have to ＝ must「〜しなければならない」だが，must not は「〜してはいけない」となり，意味が異なることに注意。do / do not [don't] の後ろは必ず「動詞の原形」がくる（この場合は have）。1. will と 2. must は「助動詞」なので，don't の後ろに置くことはできない。

(3) 訳 A：ショッピングモールに行きましょう。　正解 **2**
　　B：はい，そうしましょう。

解説 Shall we 〜？「〜しませんか」への答えは，Yes, let's.「はい，そうしましょう」。断る場合は No, let's not.「いいえ，やめましょう」。

(4) 訳 A：窓を開けましょうか，スミスさん。　正解 **2**
　　B：いいえ，けっこうです。

解説 Shall I 〜？で「（私は）〜しましょうか（提案）」。断るときは No, thank you. と答える。May I 〜？「〜してもいいですか（許可）」，Will you 〜？「〜してくれませんか（依頼）」，Shall we 〜？「〜しませんか（提案）」などはすべて区別して覚えることが大切。

(5) 訳 A：その CD を私に貸してくれませんか。　正解 **4**
　　B：いいですよ。

解説 Will you 〜？で「〜してくれませんか」。依頼を表す。Please lend me the CD. でもほぼ同じ意味になる。

テーマ 15 <ruby>文法<rt>ぶんぽう</rt></ruby>③

学習日	目標時間 1問 **30**秒	得点 /5 合格点3点

次の (1) から (5) までの(   )に入れるのに最も適切なものを 1，2，3，4 の中から一つ選びなさい。

(1) He is not kind to me. I don't like (   ).

☐ **1**. he 　　　　　　　　　　**2**. his
　3. him 　　　　　　　　　　**4**. himself

(2) George's house is larger than (   ).

☐ **1**. I 　　　　　　　　　　　**2**. my
　3. me 　　　　　　　　　　　**4**. mine

(3) **A**：Who is the (   ) girl in your class? Is it Ayako?

☐ **B**：Yes, she is.

　1. clever 　　　　　　　　　**2**. cleverer
　3. cleverest 　　　　　　　　**4**. more clever

(4) **A**：Do you like your town, Jean?

☐ **B**：Yes. It's a good place. (   ) are a lot of parks and a big shopping center.

　1. There 　　　　　　　　　**2**. These
　3. Their 　　　　　　　　　**4**. They

(5) **A**：Does James run faster than Makoto?

☐ **B**：No. Makoto runs (   ) James.

　1. as fast as 　　　　　　　　**2**. faster
　3. fastest 　　　　　　　　　**4**. very fast as

Point 代名詞の４つの形(主格・所有格・目的格・所有代名詞)を正確に覚える。

文法は動詞や時制に限らず「形」を覚えることが大事。比較はとくに要注意！

解答と解説

(1) 訳 彼は私に優しくない。私は彼を好きではない。 正解 **3**

解説 like のあとに続く代名詞なので目的格 him を選ぶ。
1. he「彼は」：主格　**2**. his「彼の(もの)」：所有格・所有代名詞　**3**. him「彼を[に]」：目的格　**4**. himself「彼自身」：再帰代名詞。

(2) 訳 ジョージの家は私の(家)よりも大きい。 正解 **4**

解説 ジョージの家と比べているのは私の家。my house → mine。
1. I「私は」：主格　**2**. my「私の」：所有格　**3**. me「私を[に]」：目的格　**4**. mine「私のもの」：所有代名詞。

(3) 訳 A：きみのクラスで一番賢い女の子はだれ？　アヤコかな？ 正解 **3**
B：そうだね。

解説 the ＋ 最上級 (-est) で「最も～」。clever「賢い」は，原級 clever, 比較級 cleverer, 最上級 cleverest。more clever, most clever は正式には間違い。

(4) 訳 A：あなたは自分の町が好き，ジーン？ 正解 **1**
B：ええ。いい場所よ。たくさんの公園と大きなショッピングセンターが１つあるわ。

解説 There is [are] ～ . で「～がある」の意味。be 動詞のあとが主語になることに注意。この場合は，主語が複数(a lot of parks and a big shopping center)なので，be 動詞は are となる。**1**. there「そこで[に，へ]」　**2**. these「これら」　**3**. their「それら[彼ら]の」　**4**. they「それら[彼ら]は」。

(5) 訳 A：ジェイムズはマコトより速く走るの？ 正解 **1**
B：いや。マコトはジェイムズと同じくらい速く走れると思うよ。

解説 as fast as ～で「～と同じくらい速く」。than がないので **2** の比較級は使えない。**1**. as fast as「～と同じくらい速く」　**2**. faster「より速く」　**3**. fastest「一番速く」　**4**. very fast as：この形はない。

テーマ 16 総合問題 _{そうごうもんだい}

学習日	目標時間 1問 **30**秒	得点 /5 合格点3点

次の (1) から (5) までの(   )に入れるのに最も適切なものを 1, 2, 3, 4 の中から一つ選びなさい。

(1) My favorite TV (   ) is American drama series. So, I can learn English every day.

    1. language   **2**. subject
    3. program   **4**. uniform

(2) My mother (   ) the bus to her office when it is rainy.

    1. carries   **2**. takes
    3. gets   **4**. makes

(3) Mariko went to the sports store (   ) a racket yesterday.

    1. buys   **2**. bought
    3. buying   **4**. to buy

(4) **A** ： Do you like your new school, Nick?

    B ： Yes, but we must do a lot. I sometimes cannot finish (   ) my homework.

    1. do   **2**. did
    3. doing   **4**. to do

(5) **A** ： Oh, great! Janet plays the piano very well.

    B ： Yeah, and she can dance the (   ) in my class.

    1. much   **2**. well
    3. better   **4**. best

Point

日常生活に関する単語や熟語は典型的な使い方もしっかり覚える。

文法問題は動詞・不定詞・動名詞・比較など「語形変化」を押さえる。

解答と解説

(1) 訳 私のお気に入りのテレビ番組はアメリカのドラマシリーズです。それで，私は毎日，英語を学ぶことができます。 正解 **3**

解説 後ろの文の "learn English" につられて 1. language「言語，言葉」に飛びつかないこと。落ち着いて，「好きなテレビ番組 = アメリカのドラマシリーズ」→ それで「英語を学べる」という前後関係に注意しよう。

1. language「言語，言葉」 **2.** subject「教科，学科」 **3.** program「番組，プログラム」 **4.** uniform「制服」。これらの名詞は最頻出。必ず覚えよう。

(2) 訳 母は雨の日は職場までバスを利用している。 正解 **2**

解説 バスや列車などの交通機関を使う場合には [take + 交通手段 + to 目的地]「…まで〜を利用する」の形をとる。

(3) 訳 マリコは昨日，ラケットを買うためにスポーツ用品店に行った。 正解 **4**

解説 同じ不定詞の問題でも，「〜するために」という意味の「目的を表す副詞的用法」の正解率が低い傾向にある。名詞的用法・形容詞的用法とあわせてしっかり押さえておこう。

(4) 訳 A：新しい学校は好きかい，ニック？

B：うん，だけどやることがたくさんあるんだ。ときどき宿題をやり終えることができないんだ。 正解 **3**

解説 finish のあとは動名詞がくる。同じように，stop, enjoy のあとは動名詞，と押さえておこう。

(5) 訳 A：すごいね！ ジャネットはピアノがとても上手だね。

B：うん，それに彼女はダンスもクラスで一番上手だよ。 正解 **4**

解説 「彼女はダンスが上手だ」は "She dances well."。well は副詞で動詞を修飾するが，good は形容詞で名詞を修飾する。well-better-best / good-better-best をまとめて覚えつつ，使い方の違いに注意。good を使うなら，She is a good dancer. → She is the best dancer in my class.「彼女はクラスでダンスが一番上手だ」となる。

Part 2

会話文の文空所補充
かいわぶん　ぶんくうしょほじゅう

POINT

形式	対話中の空所に適する語句や文を 4 つの選択肢から 1 つ選ぶ
問題数	5 問
目標時間	3 分程度。1 問を 30 秒程度で解くイメージ
傾向	問題はすべて対話形式で，空所の内容はほぼ「質問文の選択」と「質問への回答問題」の 2 つ。それぞれの出題数は毎回異なる
対策	疑問詞 (what, which, who, whose, when, where, why, how) の意味と使い方を正確に理解しておこう。また，会話によく使われる答え方を覚えることも重要

質問文の選択
しつもんぶん　せんたく

テクニック❶ 空所の次にくる相手の回答から，質問内容を推測する!
くうしょ　つぎ　　　あいて　かいとう　　　しつもんないよう　すいそく

　会話の質問文を選択する場合は，空所の次にくる相手の返答との関係に注目しましょう。
かいわ　しつもんぶん　せんたく　ばあい　くうしょ　つぎ　あいて　へんとう　かんけい　ちゅうもく

〈例題〉
れいだい

　Son : I want to go and see the doctor.

　Mother : Really? (　　)

　Son : I have a headache.

　1. Why did you go to hospital?　　　　2. What do you want?

　3. How will you do?　　　　　　　　　4. What's wrong?

空所のあとで息子が「頭が痛いんだ」と返答していることに注目し，**4.** What's
くうしょ　　　　　むすこ　あたま　いた　　　　　へんとう　　　　　　ちゅうもく
wrong?「どうしたの?」を選びます。
えら

質問への回答問題

テクニック❷ 空所の前の発言で何をたずねているのか,正確につかむ!

テクニック❶とは逆パターンの考え方です。「質問への回答を選ぶ」問題では,**相手の質問内容に注目しましょう。**

〈例題〉

Boy 1 : Would you like to go to the baseball game tomorrow?

Boy 2 : I want to, but (　　)

1. I won't be busy tomorrow.　2. it will be sunny.

3. he will go.　　　　　　　　4. I'm going to have a piano lesson.

　男の子1の「明日,野球の試合に行かないか」との質問に対し,男の子2は「行きたいけど…」と答えています。よって,正解は「行けない理由」として適切な4の「ピアノのレッスンを受けることになっている」となります。

テクニック❸ 質問に対する答え方を覚える!

　本書では,質問文に対する答え方をひと通り学習できます。なかでもよく使うものを以下にまとめておきます。

〈肯定の答え〉

OK. / All right. / Sure. / Certainly.	了解。／わかりました。
Yes, please. / Yes, thank you.	はい,お願いします。
Sounds good. / Sounds great.	いいね。
Good idea. / Great idea.	いい考えだ。
Go ahead.	さあどうぞ。

〈否定の答え〉

No, thank you.	いいえ,けっこうです。
That's too bad.	それは残念です。

テーマ **1** 質問文の選択

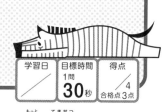

学習日	目標時間 1問	得点
/	**30**秒	4 合格点3点

次の (1) から (4) までの会話について，(　) に入れるのに最も適切なものを 1，2，3，4 の中から一つ選びなさい。

(1) Man：Excuse me. (　)
　　Woman：It is 11:30.

　　　1. How much is it?　　　　　　**2**. Where are you going?
　　　3. When did you come to Japan?　**4**. What time is it now?

(2) Boy：I went to the beach yesterday.
　　Girl：That's nice. (　)
　　Boy：By train.

　　　1. How did you get there?　**2**. Where were you?
　　　3. What did you do?　　　　**4**. Who did you go with?

(3) Man：Can you call me later?
　　Woman：Certainly. (　)
　　Man：It's 7777-9981.

　　　1. You can talk now.　　　　　**2**. I am happy to see you.
　　　3. What is your phone number?　**4**. May I use this telephone?

(4) Daughter：I want some cookies for dessert. (　) Dad?
　　Father：I want some tea.

　　　1. When is it,　　　　　　　　**2**. How about you,
　　　3. Is this an ice cream shop,　　**4**. Have fun,

Point

空所の次にくる相手の応答から，質問内容を推測する！

選択肢の疑問詞に着目して，「おもに何を聞いているか」を把握する！

解答と解説

(1) 訳 男：すみません。今，何時ですか。
女：11 時 30 分です。

正解 **4**

解説 女性の答えから「時刻」をたずねていることがわかる。

1.「それはいくらですか」 2.「あなたはどこへ行くのですか」 3.「あなたはいつ日本に来ましたか」 4.「今，何時ですか」。

(2) 訳 男の子：ぼくは昨日，海に行ったよ。
女の子：いいわね。そこへはどうやって行ったの？
男の子：電車だよ。

正解 **1**

解説 By train.「電車で」に注目。交通手段を聞いていると考える。how は「どのように」という意味。

1.「そこへはどうやって行ったの？」 2.「あなたはどこにいたの？」 3.「あなたは何をしたの？」 4.「だれといっしょに行ったの？」。

(3) 訳 男：あとで電話してもらえますか。
女：わかりました。あなたの電話番号は何番ですか。
男：7777-9981 です。

正解 **3**

解説 〈call ＋ 人 ＋ later〉で「あとで～に電話する」の意味。男性は最初に「あとで電話してもらえますか」と頼んでおり，最後に「7777-9981 です」と答えていることから，女性は男性の電話番号をたずねているとわかる。

1.「あなたは今話せますよ」 2.「あなたに会えてうれしいです」 3.「あなたの電話番号は何番ですか」 4.「この電話を使ってもいいですか」。

(4) 訳 娘：私はデザートにクッキーがほしいわ。お父さんはどうする？
父：お茶がほしいね。

正解 **2**

解説 How about ～？で「～はどうですか」。What about ～？も同じ意味。

1.「それはいつですか」 2.「あなたはどうですか」 3.「ここはアイスクリーム店ですか」 4.「楽しんで」。

テーマ 2 質問文への回答問題
しつもんぶん かいとうもんだい

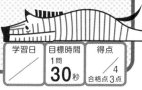

学習日	目標時間 1問 **30**秒	得点 /4 合格点3点

次の (1) から (4) までの会話について，(　　)に入れるのに最も適切なものを 1，2，3，4 の中から一つ選びなさい。

(1) **Student**：When did you come to Tokyo, Mrs. Green?
　　 Teacher：(　　) I love living here.

　1. Next month. 　　　　　　　　 **2**. Ten years ago.
　3. Twice a week. 　　　　　　　 **4**. By car.

(2) **Daughter**：Do you want some water, Dad?
　　 Father：(　　) I'm not thirsty now.

　1. No, I don't. 　　　　　　　　 **2**. Yes, thank you.
　3. I made it for you. 　　　　　 **4**. Too bad.

(3) **Brother**：What's wrong, Mari? Are you tired?
　　 Sister：(　　) I did a lot of homework today.

　1. Yes, I need to go to bed now. 　 **2**. No, I don't.
　3. Yes, I slept well last night. 　　 **4**. No, thank you.

(4) **Father**：Did you enjoy the zoo?
　　 Son：Yes. It was fun to see many animals. Can we come here again?
　　 Father：(　　) Let's come back next week.

　1. Yes, of course. 　　　　　　　 **2**. I want them.
　3. It is Sunday today. 　　　　　 **4**. It is closed today.

Point

空所の前の発言で何を問われているのか，正確につかむ。

その後の発言も読んでつながりを確認しよう！

解答と解説

(1) 訳 生徒：あなたはいつ東京に来たのですか，グリーン先生。
先生：10年前です。ここで暮らすのは大好きです。

正解 2

解説 When「いつ」に対する答えとして，Ten years ago.「10年前」がぴったりくる。

1.「来月です」　2.「10年前です」　3.「週に2回です」　4.「車(で)です」。

(2) 訳 娘：お水いる，お父さん？
父：いや，けっこう。今はのどは渇いていないよ。

正解 1

解説 Do you want ～ ? で聞かれているので Yes か No のある選択肢に注目する。2は「のどが渇いていない」とつながらないので不正解。

1.「いや，けっこう」　2.「はい，ありがとう」　3.「私はあなたのためにそれを作った」　4.「残念だ」。

(3) 訳 兄：どうしたの，マリ？　疲れているの？
妹：うん，もう寝る必要があるわ。今日はたくさん宿題をしたの。

正解 1

解説 「疲れているの？」に対する回答は，妹の「たくさん宿題をした」の発言から Yes になるはず。3だと昨晩よく寝ているので，疲れているとはつながらない。

1.「うん，もう寝る必要があるわ」　2.「いいえ」　3.「うん，昨日の夜はよく寝たわ」　4.「いいえ，けっこうです」。

(4) 訳 父：動物園は楽しかった？
息子：うん。たくさん動物を見られて楽しかった。またここに来られる？
父：いいよ，もちろん。来週また来よう。

正解 1

解説 「また来られる？」という息子の問いかけに，父親は「来週また来よう」と言っているのだから，「もちろん」と肯定的に答えるのが自然。

1.「もちろん，いいよ」　2.「私はそれらがほしい」　3.「今日は日曜日です」　4.「それは今日閉まっています」。

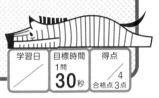

学習日 ／

目標時間 1問 **30**秒

得点 ／4 合格点3点

次の (1) から (4) までの会話について，(　　)に入れるのに最も適切なものを 1，2，3，4 の中から一つ選びなさい。

(1) **Sister**：I am going to the zoo with Dad tomorrow. Do you want to go with us?

Brother：I want to, but (　　) My friend will visit me.

1. I can.　　　　　　　　　　**2**. I can't.

3. I will see lions there.　　　　**4**. It will be rainy.

(2) **Son**：Dad, can you help me with my math homework?

Father：Sorry. (　　)

1. I'm not busy.

2. I am not good at math.

3. Science is my favorite subject.

4. No problem.

(3) **Daughter**：Can I go to the library?

Mother：It's too late today. (　　)

1. Enjoy reading.　　　　　　**2**. Don't be noisy there.

3. Good idea.　　　　　　　　**4**. You can go there tomorrow.

(4) **Teacher**：What's wrong, David? You look pale.

Student：(　　) Mr. Steven. May I go home?

1. I am all right,　　　　　　**2**. I am a good boy,

3. I don't feel well,　　　　　**4**. I can see your face,

Point

空所の前後の発言に注目すること。文が自然につながるものが正解。

答えを選んだら，もう一度全体を通して読んで，つながりを確認しよう！

解答と解説

(1) 訳 妹：お父さんと明日，動物園に行くの。いっしょに行かない？

兄：行きたいけど，行けない。友だちが訪ねてくるんだ。

正解 **2**

解説 動物園に行こうと誘っている妹に対し，want to のあとに but を使っているので，兄は「行きたいけど，行けない」が自然。I can't. は I can't go to the zoo. を省略したもの。あとに続く「友だちが訪ねてくる」は行けない理由。
1.「行けるよ」　2.「行けない」　3.「ぼくはそこでライオンを見るよ」　4.「雨になるだろう」。

(2) 訳 息子：お父さん，数学の宿題手伝ってくれない？

父：ごめん。数学は得意じゃないんだ。

正解 **2**

解説 宿題を手伝ってくれという息子に「Sorry」で答えている父。その理由は選択肢 2「数学は得意じゃないんだ」がぴったり。
1.「忙しくないよ」　3.「理科は大好きな科目だ」　4.「問題ないよ」。

(3) 訳 娘：図書館に行ってもいい？

母：今日は遅すぎるわ。明日ならいいわよ。

正解 **4**

解説 「図書館に行ってもいい？」とたずねている娘に母親は「今日は遅すぎる」と答えているので，「行くのはよくない」はず。選択肢 1 ～ 3 は行くことを許可している。選択肢 4「明日ならそこに行ってもいいわ」なら自然につながる。
1.「読書を楽しみなさい」　2.「そこでは静かにしなさい」　3.「いい考えね」。

(4) 訳 先生：どうした，デイビッド？　顔色が悪いぞ。

生徒：気分が悪いんです，スティーブン先生。家に帰っていいですか。

正解 **3**

解説 先生が顔色の悪い生徒を心配している場面。空所のあとで生徒は「家に帰っていいか」とたずねているので，「気分が悪い」はず。
1.「大丈夫です」　2.「私はよい少年です」　3.「気分が悪いんです」　4.「あなたの顔が見えます」。

日本文付き短文の語句整序

POINT

形式	日本語に合うよう，5つの語句を並べかえて英文を完成させ，2番目と4番目にくる語の組み合わせを選ぶ
問題数	5問
目標時間	5分程度。1問を1分で解くイメージ
傾向	問題は「疑問詞を含む問題」「熟語問題」「文法問題」の3種類。それぞれの出題数は毎回変わるが，各タイプから必ず1，2問は出題される
対策	まずは基本的な単語と熟語を覚えよう！　あわせて文法にかなった「文の組み立て方と語順」を押さえること

疑問詞を含む問題

テクニック❶ 疑問文の語順を理解する！

疑問文では疑問詞を文頭に置くのが基本です。
〈疑問詞 ＋ be 動詞 ＋ 主語 ?〉／〈疑問詞 ＋ do[does/did] ＋ 主語 ＋ 動詞の原形 ?〉の語順を押さえましょう。

〈例題〉

昨夜はどのくらい勉強したのですか。

(① you ② long ③ study ④ how ⑤ did)

[　　　] [2番目] [　　　] [4番目] [　　　] last night?

1. ③ - ④　　2. ② - ①　　3. ② - ③　　4. ④ - ①

まずは how を文頭に置きます。〈how ＋ 形容詞・副詞〉で「どのくらい」の意味なので，次にくるのは long です。あとは一般動詞の疑問文の形を意識して文を作ります。How long / did you study / last night? で正解は選択肢 **2** です。

テクニック② 熟語が含まれているときは,まず熟語から組み立てる!

have a good time「楽しい時を過ごす」, be sick in bed「病気で寝ている」
など, 熟語は「かたまり」で暗記しておきましょう。

〈例題〉
毎日あなたは何時に寝ますか。

(① do ② to ③ you ④ time ⑤ go)
What [　　] [2番目] [　　] [4番目] [　　] bed every day?
1. ④ - ⑤　　**2.** ② - ①　　**3.** ⑤ - ②　　**4.** ① - ⑤

まずは「寝る」で「go to bed」を完成させ, あとは what が文頭にくるのでテク
ニック❶の「疑問文の語順」を使えばいいわけです。What time / do you go to
bed / every day? で, 正解は選択肢 **4** になります。

文法問題

テクニック❸ 助動詞の使い方が問われる!

P.11「短文の語句空所補充」テクニック❹で指摘した文法事項に加え, Part3
では助動詞の問題が頻出です。別冊の「重要文法」でもまとめていますので, こち
らも確認しましょう。

〈例題〉
あなたは, 夕食後に歯をみがかなければなりません。

(① teeth ② to ③ your ④ brush ⑤ have)
You [　　] [2番目] [　　] [4番目] [　　] after dinner.
1. ② - ③　　**2.** ② - ⑤　　**3.** ⑤ - ②　　**4.** ① - ②

ここでは, 「～しなければなりません」から〈have to + 動詞の原形〉が思い浮か
ぶかがポイントです。have to は must とほぼ同じ意味です。よって, You
have to / brush your teeth / after dinner. で正解は選択肢 **1** とわかります。

Part 3　日本文付き短文の語句整序

テーマ 1　疑問詞を含む問題

学習日	目標時間 1問 30秒	得点 /5 合格点3点

次の (1) から (5) までの日本文の意味を表すように①から⑤までを並べかえて □ の中に入れなさい。そして，2番目と4番目にくるものの最も適切な組み合わせを 1，2，3，4 の中から一つ選びなさい。※ただし，（　　）の中では，文のはじめにくる語も小文字になっています。

(1) 私たちはどこでそれを買うことができますか。

（① we　② where　③ can　④ it　⑤ buy）

[　] [2番目　] [　] [4番目　] [　] ?

1. ④—②　**2**. ③—⑤　**3**. ①—③　**4**. ②—③

(2) アミはいつ中国を訪れる予定ですか。

（① Ami　② when　③ visit　④ is　⑤ going to）

[　] [2番目　] [　] [4番目　] [　] China?

1. ②—③　**2**. ②—①　**3**. ④—③　**4**. ④—⑤

(3) あなたは彼の新しいかばんをどう思いますか。

（① think　② his　③ do　④ you　⑤ about）

What [　] [2番目　] [　] [4番目　] [　] new bag?

1. ①—④　**2**. ①—②　**3**. ④—①　**4**. ④—②

(4) 昼食にサンドイッチはどうですか。

（① lunch　② how　③ about　④ for　⑤ sandwiches）

[　] [2番目　] [　] [4番目　] [　] ?

1. ③—④　**2**. ②—①　**3**. ①—⑤　**4**. ④—②

(5) リチャードは何回その本を読みましたか。

（① Richard　② times　③ did　④ many　⑤ how）

[　] [2番目　] [　] [4番目　] [　] read the book?

1. ①—④　**2**. ③—④　**3**. ①—②　**4**. ④—③

54

Point

疑問詞を含む並べかえ問題は，疑問詞を文頭に置く！

〈疑問詞 ＋ be 動詞 ＋ 主語 ?〉〈疑問詞 ＋ do [does] ＋ 主語 ＋ 動詞の原形 ?〉が基本！

解答と解説

(1) 完成文 Where can we buy it?
② ③ ① ④

正解 **2**

解説 助動詞の疑問文は主語と助動詞の語順が逆になることに注意。

(2) 完成文 When is Ami going to visit China?
② ④ ① ⑤ ③

正解 **4**

解説 「～する予定だ」は be going to ～で表す。あらかじめ決まっていることに使う。疑問文は be 動詞の疑問文と同じ語順で〈be 動詞＋主語＋～ing〉となる。

(3) 完成文 What do you think about his new bag?
③ ④ ① ⑤ ②

正解 **3**

解説 「～について思う」は think about ～。his new bag で「彼の新しいかばん」。think と組み合わせる疑問詞は How でなく，What ～ ? であることに注意。ちなみに，feel と組み合わせて「どう思う」となる疑問詞は How で，How do you feel about ～ ? となり，ほぼ同じ意味を表す。

(4) 完成文 How about sandwiches for lunch?
② ③ ⑤ ④ ①

正解 **1**

解説 How about ～ ? で「～はどうですか」という決まり文句。What about ～ ? でもほぼ同じ意味になる。

(5) 完成文 How many times did Richard read the book?
⑤ ④ ② ③ ①

正解 **4**

解説 How many times ～ ? は「何回～ ?」。time は「回」。How often ～ ? でも「回数」をたずねることができ，How often did Richard read the book? となる。

Part 3 日本文付き短文の語句整序

テーマ 2 熟語問題

学習日	目標時間 1問 30秒	得点 /5 合格点3点

次の (1) から (5) までの日本文の意味を表すように①から⑤までを並べかえて □ の中に入れなさい。そして，2番目と4番目にくるものの最も適切な組み合わせを 1，2，3，4 の中から一つ選びなさい。※ただし，(　) の中では，文のはじめにくる語も小文字になっています。

(1) トリシアは韓国のポップスが大好きです。

（① fond　② is　③ of　④ Korean　⑤ very）

Tricia ⬚ ⬚[2番目] ⬚ ⬚[4番目] ⬚ pop music.

1. ⑤—③　**2.** ①—③　**3.** ⑤—②　**4.** ②—④

(2) あなたの奥さんは料理が得意ですか。

（① good　② wife　③ at　④ is　⑤ your）

⬚ ⬚[2番目] ⬚ ⬚[4番目] ⬚ cooking?

1. ②—④　**2.** ⑤—①　**3.** ③—④　**4.** ①—⑤

(3) そのホテルは郵便局のとなりにたっている。

（① next　② stands　③ hotel　④ to　⑤ the）

⬚ ⬚[2番目] ⬚ ⬚[4番目] ⬚ the post office.

1. ③—⑤　**2.** ④—①　**3.** ②—③　**4.** ③—①

(4) 私はサチコとその CD について話しました。

（① with　② about　③ the CD　④ talked　⑤ Sachiko）

I ⬚ ⬚[2番目] ⬚ ⬚[4番目] ⬚ .

1. ③—②　**2.** ①—④　**3.** ④—⑤　**4.** ②—①

(5) 学校にまた遅刻したの，マイク？

（① you　② late　③ school　④ were　⑤ for）

⬚ ⬚[2番目] ⬚ ⬚[4番目] ⬚ again, Mike?

1. ①—⑤　**2.** ①—②　**3.** ④—⑤　**4.** ⑤—④

Point 熟語が含まれている並べかえ問題は，まずは熟語から組み立てる！

be 動詞を含む熟語は疑問文で出題されることが多い。あわてず be 動詞を使った疑問文の形を作ること。

解答と解説

(1) 完成文 Tricia is very fond of Korean pop music.
　　　　　　　　　②　⑤　①　③　④

解説 be fond of ～「～が好き」。very は副詞で，形容詞や副詞を修飾する（very good / very well など）。ここでは形容詞の fond を修飾して very fond の語順になることに注意。

正解 **1**

(2) 完成文 Is your wife good at cooking?
　　　　　　　　④　⑤　②　①　③

解説 be good at ～「～が得意」。疑問文としての出題なので，be 動詞を文頭に置くことに注意。〈be 動詞 + 主語 + good at ～〉の語順になる。

正解 **2**

(3) 完成文 The hotel stands next to the post office.
　　　　　　　　　⑤　③　②　①　④

解説 next to ～「～のとなりに」。建物と stand の関係にも注意。建物の場合の stand は動作ではなく「状態」なので「現在形」になる。Part 1「短文の語句空所補充」の文法問題で頻出なので，これもしっかり押さえておこう。

正解 **4**

(4) 完成文 I talked about the CD with Sachiko.
　　　　　　　④　②　③　①　⑤

解説 「～について話す」は talk about ～。about は「～について」という意味の前置詞。with ～は「～といっしょに」。〈talk about + 話題 + with + 相手〉と覚えておこう。

正解 **4**

(5) 完成文 Were you late for school again, Mike?
　　　　　　　④　①　②　⑤　③

解説 be late for ～「～に遅れる，遅刻する」。(2)同様にここでも疑問文での出題。一つの熟語として [be late for] の「かたまり」で覚えることが多いが，疑問文であれば，be 動詞は必ず前に出して疑問文の語順〈be 動詞 + 主語 + late for〉にすること。

正解 **1**

テーマ ③ 文法問題

学習日	目標時間 1問 30秒	得点 /5 合格点3点

次の (1) から (5) までの日本文の意味を表すように①から⑤までを並べかえて□□□の中に入れなさい。そして，2番目と4番目にくるものの最も適切な組み合わせを 1，2，3，4 の中から一つ選びなさい。※ただし，（　　）の中では，文のはじめにくる語も小文字になっています。

(1) 図書館で騒いではいけません。

（① must　② noisy　③ in　④ be　⑤ not）

You □ □[2番目] □ □[4番目] □ the library.

1. ④―②　2. ⑤―④　3. ①―④　4. ⑤―②

(2) 今朝は朝食を作る必要はありません。

（① have　② breakfast　③ to　④ make　⑤ don't）

You □ □[2番目] □ □[4番目] □ this morning.

1. ①―④　2. ④―②　3. ③―②　4. ②―①

(3) ルーシーは昨日，学校の近くのプールで泳いで楽しみました。

（① enjoyed　② the　③ pool　④ swimming　⑤ in）

Lucy □ □[2番目] □ □[4番目] □ near our school yesterday.

1. ④―⑤　2. ④―②　3. ①―⑤　4. ①―③

(4) きみが暇なときに釣りに行こう。

（① you're　② go　③ let's　④ fishing　⑤ when）

□ □[2番目] □ □[4番目] □ free.

1. ④―③　2. ②―①　3. ①―⑤　4. ②―⑤

(5) 3時前に雨が降り始めた。

（① began　② it　③ to　④ before　⑤ rain）

□ □[2番目] □ □[4番目] □ three o'clock.

1. ①―⑤　2. ②―④　3. ①―②　4. ⑤―③

Point

〈助動詞 + 動詞の原形〉の基本形と，否定文・疑問文の形を押さえよう！

接続詞のあとには〈主語 + 述語〉が続くことに注意。

解答と解説

(1) **完成文** You <u>must not be noisy</u> in the library.
①　⑤　④　②　③

解説 「〜してはいけません」は must not 〜で表す。〈Don't + 動詞の原形〉の否定の命令文でもほぼ同じ意味になる。助動詞の後ろには必ず動詞の原形が続く。noisy は形容詞なので be が必要。be noisy で「騒いでいる」という意味になる。

 正解 **4**

(2) **完成文** You <u>don't have to make breakfast</u> this morning.
⑤　①　③　④　②

解説 〈don't have to + 動詞の原形〉で「〜しなくてよい」の意味。「朝食を作る」という意味の make breakfast を後ろにつければ答えが完成する。

 正解 **1**

(3) **完成文** Lucy <u>enjoyed swimming in the pool</u> near our school yesterday.
①　④　⑤ ② ③

解説 enjoy の後ろは動名詞〈~ing〉がくる。「プールで」は in the pool。このように，並べかえの問題では「語句のかたまり」を作ることが正解の近道になる。finish, stop も後ろに動名詞がくることを確認しよう。

 正解 **2**

(4) **完成文** <u>Let's go fishing when you're</u> free.
③　②　④　⑤　①

解説 「〜しましょう」は〈Let's + 動詞の原形〉で表す。「釣りに行く」は go fishing。ここでの when は接続詞で，〈主語 + 述語〉が続くことに注意。

 正解 **4**

(5) **完成文** <u>It began to rain before</u> three o'clock.
②　①　③　⑤　④

解説 「〜し始める」は begin to 〜あるいは start to 〜。「雨が降る」は it rains。よって「雨が降り始めた」は it began to rain となる。before は「〜の前に」という意味の前置詞。

 正解 **1**

学習日	目標時間 1問 **30**秒	得点 /5 合格点3点

次の (1) から (5) までの日本文の意味を表すように①から⑤までを並べかえて □ の中に入れなさい。そして，2番目と4番目にくるものの最も適切な組み合わせを 1，2，3，4 の中から一つ選びなさい。※ただし，( )の中では，文のはじめにくる語も小文字になっています。

(1) 私の妹の寝室には，壁にカレンダーがあります。

（① a calendar　② on　③ my sister's　④ has　⑤ bedroom）

	2番目		4番目	
				the wall.

1. ⑤—③　**2.** ②—①　**3.** ④—③　**4.** ⑤—①

(2) その古い寺院はどこで見られますか。

（① the　② can　③ we　④ where　⑤ see）

	2番目		4番目	
				old temple?

1. ④—②　**2.** ③—⑤　**3.** ②—⑤　**4.** ①—③

(3) ユウヤは先週，初めて飛行機に乗りました。

（① the　② an airplane　③ for　④ first　⑤ time）

Yuya took
	2番目		4番目	
				last week.

1. ①—⑤　**2.** ③—④　**3.** ②—③　**4.** ⑤—①

(4) 私はカーター先生に好きな映画についてたずねました。

（① Mr. Carter　② favorite　③ asked　④ about　⑤ his）

I
	2番目		4番目	
				movies.

1. ①—⑤　**2.** ②—③　**3.** ③—①　**4.** ④—⑤

(5) あなたはどんな種類の本を読みますか。

（① of　② do you　③ what　④ kind　⑤ books）

	2番目		4番目	
				read?

1. ①—③　**2.** ②—①　**3.** ④—⑤　**4.** ①—④

Point

肯定文・疑問文・否定文の語順を完全に覚える。

疑問詞を使った表現 (How often / What kind of など) を確認！

頻出熟語(別冊 P.62 〜 64)や動詞＋前置詞をしっかり押さえる。

解答と解説

(1) 完成文 My sister's bedroom has a calendar on the wall.
③ ⑤ ④ ① ②

正解 **4**

解説 「〜があります」だと There is 〜. という形が思い浮かぶが，「(場所)が〜を持っている」も英語では普通の言い方。ここでは「寝室がカレンダーを持っている」と考える。場所を表す「前置詞 + 名詞」の位置は There is 〜. と共通。ちなみにこの前置詞 on は接触を表し，壁にくっついているイメージ。

(2) 完成文 Where can we see the old temple?
④ ② ③ ⑤ ①

正解 **3**

解説 疑問詞と助動詞に関する問題。疑問詞 where を文頭におき，あとは助動詞 can を使った疑問文の形にする。〈疑問詞 + 助動詞 + 主語 + 動詞の原形〉。このような「疑問詞 + 助動詞の疑問文」は並べかえ問題で最も出題頻度の高いものの一つ。

(3) 完成文 Yuya took an airplane for the first time last week.
② ③ ① ④ ⑤

正解 **2**

解説 熟語に関する問題。for the first time「初めて〜」は述語部分の直後に置く。at first 〜 (but…)「最初は〜 (だが…)」と区別して覚えること。

(4) 完成文 I asked Mr. Carter about his favorite movies.
③ ① ④ ⑤ ②

正解 **1**

解説 文法(ask の使い方)に関する問題。「(人)にたずねる」という場合は to などの前置詞をはさまず，〈ask + 人〉の形になる。本問は〈ask + 人 + about 〜〉「(人)に〜についてたずねる」だが，〈ask + 人 + for 〜〉「(人)に〜を求める，お願いする」も頻出。

(5) 完成文 What kind of books do you read?
③ ④ ① ⑤ ②

正解 **3**

解説 疑問詞に関する問題。〈What kind of + 名詞 〜 ?〉「どんな種類の…(名詞) 〜 ?」で，名詞の種類をたずねる表現。並べかえ問題の中でも出題回数が非常に多い表現なので要注意。

Part 4

長文の内容一致選択

POINT

形式	長文を読み，その内容に関する質問の答えを 4 つの選択肢の中から選ぶ
問題数	10 問(4A- 2 問，4B- 3 問，4C- 5 問)
目標時間	20 分程度。1 問を 2 分で解くイメージ
傾向	4A は掲示・お知らせ，4B は E メール・手紙，4C は説明文
対策	語い力に加え，長文を 1 文ずつ丁寧に読む力が必要。また，質問文を読み間違えると答えが出ないので注意！

掲示文・お知らせ

テクニック❶ 日時・場所に注目！

Point 1 「内容」：行事やメンバー募集のお知らせ，広告など。

Point 2 「設問」：たいてい，2 問中 1 問は日時や場所が問われます。また，これら重要な情報は，大きくわかりやすく書いてあります。

Point 3 「解き方」：質問文で「何が問われているか」をすばやく，正確に把握します。そのうえで，本文の該当箇所としっかり照らし合わせましょう。

E メール・手紙文

テクニック❷ 差出人と受取人の関係をつかむ！

Point 1 「テーマ」：真っ先に「件名」を見ること。これ自体が本文のテーマになっています。

Point 2「概要」：まずは**ヘッダー**(本文の前の部分)で，**差出人と受取人を確認**します。次に**本文の書き出し**(「親愛なるおばあちゃん」など)を見て，**差出人と受取人の関係**をつかみましょう。

※ここまでで，本文の大まかな内容がわかるので，あとが読みやすくなります。

Point 3「内容」：宛先は家族・親族・友人・先生など**身近な相手が多く**，こうした人たちとの思い出話や旅行の予定など，**日常生活に関する内容**が頻出です。

Point 4「解き方」：質問文で**「何が問われているか」**をすばやく正確に把握します。そのうえで，**本文の該当箇所としっかり照らし合わせる**ことが重要です。

説明文

テクニック❸ 質問文は二度しっかり読む！

Point 1「テーマと概要」：まずは**「質問文」を先に読み**，質問文に含まれる情報から，**本文のテーマと内容の一部を推測**します。ただし，「選択肢」には誤りの内容も含まれるため，かえって混乱するおそれもあります。この段階では選択肢はさっと見る程度にしましょう。

Point 2「内容」：**日常生活に関する身近な話題が多く**，登場人物は主人公を中心に数人程度です。展開も単純なので落ち着いて読みましょう。

Point 3「解き方」：質問文をもう一度読み，**「何が問われているか」を正確に把握**します。そのうえで，**本文の該当箇所としっかり照らし合わせる**ことが重要です。

テクニック❹ 時間の使い方に要注意！

Part 4は読む量が多いので時間の使い方が難しくなります。最大で計20分，1問2分程度まではかけても大丈夫ですが，これでは見直しの時間があまり取れなくなります。**長文問題は慣れると速く解ける傾向がある**ので，**本書を徹底活用し，問題の形式に慣れてから試験に臨んでください。**

テーマ 1

掲示・お知らせ①
募集の掲示

| 学習日 | 目標時間 1問 **60**秒 | 得点 /2 合格点1点 |

次の掲示の内容に関して，(1) と (2) の質問に対する答えとして最も適切なもの，または文を完成させるのに最も適切なものを 1，2，3，4 の中から一つ選びなさい。

Clean Park Project
We need 30 helpers to clean Yellow Park.

We will pick up bottles, cans, newspapers and other garbage. Don't worry about your lunch. We will prepare it for you.

If you want to clean the park, please talk to Ms. McCarthy by 3 p.m. on Friday, February 21.

Date: Sunday, February 23, from 10 a.m. to 2 p.m.
Meeting Place: Near the main entrance to the park

---

(1) What will the helpers do on February 23?

1. They will clean the park.

2. They will have breakfast.

3. They will read books.

4. They will buy a newspaper.

(2) On that day, the helpers

1. must bring lunch.

2. don't have to bring lunch.

3. will buy lunch at a supermarket.

4. will cook lunch.

解答と解説

（1）訳 ヘルパーは2月23日に何をするでしょうか。

1. 彼らは公園を清掃する。
2. 彼らは朝食を食べる。
3. 彼らは本を読む。
4. 彼らは新聞を買う。

解説 お知らせの目的を答える。タイトルから公園の清掃を手伝ってくれる人を求めていることがわかる。Dateの行からその日程は2月23日であることがわかる。

（2）訳 当日ヘルパーは……

1. ランチを持ってこないといけない。
2. ランチを持ってくる必要はない。
3. スーパーでランチを買うだろう。
4. ランチを作るだろう。

解説 ランチについての記述は本文の2文目に注目。「昼食については心配しなくていいです。私たちが準備します」とあるので，昼食は持っていかなくてよい。したがって**2**が正解。

訳

きれいな公園計画
イエロー公園の清掃に30人のヘルパーが必要です。

私たちはびんや，缶や，新聞やほかのゴミを集めます。
昼食は心配しなくていいです。私たちが準備します。
もし公園の清掃がしたいなら，2月21日金曜日の午後3時までにマッカーシーさんに伝えてください。

日時：2月23日 日曜日，午前10時から午後2時まで
集合場所：イエロー公園の正面入り口近く

学習日	目標時間 1問 **60**秒	得点 /2 合格点1点

次の掲示の内容に関して，(1) と (2) の質問に対する答えとして最も適切なものを 1, 2, 3, 4 の中から一つ選びなさい。

One Day Bus Trip for
Chelsea Junior High School Students

Come and enjoy nature!

Date: Sunday, October 11
Time: 9 a.m. to 7 p.m.
Place: Rocky Nature Land

We will leave our school at 8:30. Please come to school at eight.
If you want to know more about the trip, please ask Mr. Lennon.

---

(1) How will the students go to Rocky Nature Land?
 1. By car.
 2. By bus.
 3. By train.
 4. On foot.

(2) What time will the students go back to school?
 1. Seven in the morning.
 2. Eight in the morning.
 3. Seven in the evening.
 4. Eight thirty in the evening.

Point

問題を先に見て，すばやく情報を読み取る練習をしておこう！

タイトルの中に問題の答えがある場合も多い。

解答と解説

（1） 訳 生徒たちはロッキー・ネイチャーランドへどうやって行きますか。

1. 車で。
2. バスで。
3. 電車で。
4. 徒歩で。

正解 **2**

解説 タイトルから日帰りのバス旅行であることがわかる。

（2） 訳 生徒たちは何時に学校に戻ってきますか。

1. 朝の 7 時。
2. 朝の 8 時。
3. 夜の 7 時。
4. 夜の 8 時 30 分。

正解 **3**

解説 日時は「to 7 p.m.」なので「午後 7 時まで」。つまり旅行は夜 7 時に終わる。よって正解は選択肢 **3**。

訳

日帰りバス旅行
チェルシー中学校生徒へ

参加して自然を楽しもう！

日付：10 月 11 日 日曜日
時間：午前 9 時から午後 7 時まで
場所：ロッキー・ネイチャーランド

8 時 30 分に学校を出発する予定です。8 時に学校に来てください。
もし旅行についてもっと知りたいのなら，レノン先生にたずねてください。

長文の内容一致選択

Ｅメール・手紙①
Ｅメール

次のＥメールの内容に関して，(1)から(3)までの質問に対する答えとして最も適切なもの，または文を完成させるのに最も適切なものを1，2，3，4の中から一つ選びなさい。

From: Takeshi Tanaka
To: Minako Aoyama
Date: October 5 21:48
Subject: Japanese lesson

- -

Dear Mrs. Aoyama,
My name is Takeshi Tanaka. I go to school with your son, Keisuke. I was born in the United States. My father is Japanese, but my mother is American. Our family usually speak English. So my Japanese is not very good. Last month, I made friends with Keisuke and was surprised at his good Japanese. He said you teach him Japanese. He also said you are teaching Japanese to some Americans. I like the United States but I want to live in Japan in the future. I have to speak Japanese better for that. Can you teach me Japanese?

- -

From: Minako Aoyama
To: Takeshi Tanaka
Date: October 6 15:22
Subject: Tomorrow

- -

Hello Takeshi,
Thank you for your e-mail. I understand your problem well. I am happy to help you with your Japanese. I am teaching Japanese to some Americans. But they are all beginners. I don't think you are a beginner, so how about taking a lesson at our home? Do you have time tomorrow? Why don't you come to our house with Keisuke?

Let's talk about our lesson.
Bye.
Minako Aoyama

(1) Who received an e-mail from Takeshi Tanaka?
  1. Keisuke Aoyama.
  2. Keisuke's father.
  3. Keisuke's mother.
  4. Takeshi's teacher.

(2) What's Takeshi's problem?
  1. His English is not very good.
  2. His Japanese is not very good.
  3. Keisuke is not kind to him.
  4. Keisuke's mother is not at home.

(3) Tomorrow, Mrs. Aoyama wants to
  1. teach Japanese to some Americans.
  2. go to Keisuke's house.
  3. have a party.
  4. meet Takeshi.

(解答と解説)

（1） 訳 だれがタナカ・タケシからの E メールを受け取りましたか。

1. アオヤマ・ケイスケ。
2. ケイスケの父。
3. ケイスケの母。
4. タケシの先生。

解説 冒頭の From: Takeshi Tanaka と To: Minako Aoyama に注目。タナカ・タケシからの E メールをアオヤマ・ミナコが受け取ったことがわかる。そして E メール本文の 2 行目に「あなたの息子のケイスケ君と…」とある。よってアオヤマ・ミナコはケイスケの母。

正解 3

（2） 訳 タケシの問題は何ですか。

1. 彼の英語はあまり上手ではない。
2. 彼の日本語はあまり上手ではない。
3. ケイスケが彼に親切ではない。
4. ケイスケの母が家にいない。

解説 タケシの E メールの本文 4 行目に，日本語があまり上手ではないとある。これが問題なのでアオヤマさんに日本語の先生をお願いしているのである。

正解 2

（3） 訳 明日，アオヤマさんは……ことをしたい。

1. 日本語を何人かのアメリカ人に教える
2. ケイスケの家に行く
3. パーティーをする
4. タケシに会う

解説 アオヤマさんの E メールの本文最後の 3 行に答えがある。レッスンについて話したいのでタケシを家に誘っている。よって選択肢 4 が正解。

正解 4

送信者：タナカ・タケシ
受信者：アオヤマ・ミナコ
送信日：10月5日 21時48分
件名：日本語のレッスン

- -

アオヤマさんへ，
ぼくの名前はタナカ・タケシです。ぼくはあなたの息子のケイスケ君といっしょに学校へ通っています。ぼくはアメリカで生まれました。ぼくの父は日本人ですが，母はアメリカ人です。ぼくの家族はたいてい英語を話します。だからぼくの日本語はあまり上手ではありません。先月，ぼくはケイスケ君と友だちになりましたが，彼の上手な日本語に驚きました。彼はあなたが彼に日本語を教えていると言っていました。また，あなたが何人かのアメリカ人に日本語を教えているとも言っていました。ぼくはアメリカが好きですが，将来は日本に住みたいのです。そのためにはもっと上手に日本語が話せなければなりません。ぼくに日本語を教えてくれませんか。

送信者：アオヤマ・ミナコ
受信者：タナカ・タケシ
送信日：10月6日 15時22分
件名：明日

- -

こんにちは，タケシ，
Eメールをありがとう。あなたの問題はよく理解できます。あなたの日本語に関して喜んでお手伝いしますよ。私は何人かのアメリカ人に日本語を教えています。しかし，彼らはみな初心者です。あなたは初心者ではないと思いますので，私たちの家でレッスンを受けませんか。明日，時間がありますか。ケイスケといっしょに家に来るのはどうでしょうか。レッスンについて話し合いましょう。
さようなら。
アオヤマ・ミナコ

Part 4　長文の内容一致選択

テーマ 4

Ｅメール・手紙②
手紙

学習日／

目標時間 1問 60秒

得点 ／3 合格点2点

次の手紙の内容に関して，(1) から (3) までの質問に対する答えとして最も適切なものを 1，2，3，4 の中から一つ選びなさい。

September 20

Dear Tommy,

　How are you?　Yesterday, my parents and I went to a new shopping center in our town.　The shopping center is very big!　You can buy food, clothing, toys, CDs, games, computers, and more.　I can't say all.　My father bought me a lovely shirt for my birthday present.　I was really glad.

　We went to an Italian restaurant for lunch.　Pizza is very famous there and we had a cheese and mushroom pizza.　It was delicious. After lunch I ate caramel popcorn for the first time in my life.　Do you know it?　I hear it comes from America.

　We enjoyed shopping and had a very good time there, but I had one problem.　There was no bookstore there.　Because I like reading very much, I was unhappy for that.

　By the way, you were looking for a new computer.　I think you can find a good one there.　Let's go to the shopping center next month if you have a free day.

Your friend,

Kanako

Point

<ruby>質問文<rt>しつもんぶん</rt></ruby>を<ruby>先<rt>さき</rt></ruby>に<ruby>見<rt>み</rt></ruby>て，キーワードになる<ruby>単語<rt>たんご</rt></ruby>を<ruby>意識<rt>いしき</rt></ruby>してから<ruby>本文<rt>ほんぶん</rt></ruby>を<ruby>読<rt>よ</rt></ruby>もう。

<ruby>段落<rt>だんらく</rt></ruby>ごとの<ruby>意図<rt>いと</rt></ruby>や<ruby>内容<rt>ないよう</rt></ruby>に<ruby>注意<rt>ちゅうい</rt></ruby>しよう！

(**1**) Who did Kanako go to the shopping center with?

   1. With Tommy.

   2. With Tommy and his parents.

   3. With her brother.

   4. With her father and mother.

(**2**) What did Kanako eat after lunch?

   1. Italian pizza.

   2. Popcorn.

   3. Japanese food.

   4. Spaghetti.

(**3**) What's the problem of the shopping center for Kanako?

   1. She can't get books there.

   2. It is far from her home.

   3. She can't stay there for a long time.

   4. There are a lot of people there.

Part **4**

長文の内容一致選択

解答と解説

（1）**訳** カナコはだれとショッピングセンターに行きましたか。

1. トミーといっしょに。
2. トミーと彼の両親といっしょに。
3. 彼女の兄といっしょに。
4. 彼女の父と母といっしょに。

正解 4

解説 本文3行目に注目。彼女は両親といっしょにショッピングセンターに行った。よって選択肢**4**が正解。

（2）**訳** 昼食のあとにカナコは何を食べましたか。

1. イタリアン・ピザ。
2. ポップコーン。
3. 日本食。
4. スパゲティ。

正解 2

解説 after lunch なので，昼食に何を食べたかではなく，昼食後に何を食べたかをたずねている。第2段落の3行目に，昼食後に「キャラメル・ポップコーンを食べた」とある。したがって選択肢**2**が正解。

（3）**訳** カナコにとってのショッピングセンターの問題とは何ですか。

1. カナコはそこで本を手に入れることができない。
2. そこは彼女の家から遠い。
3. カナコはそこに長くいることができない。
4. そこにはたくさんの人がいる。

正解 1

解説 第3段落の2～3行目の内容に注目。カナコは本好きなのに書店がないことが問題。よって本が手に入らないという選択肢**1**が正解。

訳

親愛（しんあい）なるトミーへ，

　元気（げんき）？　昨日（きのう），私（わたし）と両親（りょうしん）は町（まち）にある新（あたら）しいショッピングセンターに行（い）ったの。そのショッピングセンターはとても大（おお）きいのよ！　食料品（しょくりょうひん），服（ふく），おもちゃ，CD，ゲーム，コンピューターなどが買（か）えるのよ。全部（ぜんぶ）は言（い）えないわ。お父（とう）さんは私（わたし）の誕生日（たんじょうび）プレゼントにかわいいシャツを買（か）ってくれたの。本当（ほんとう）にうれしかったわ。

　私（わたし）たちは昼食（ちゅうしょく）にイタリアン・レストランに行（い）ったの。そこはピザがとても有名（ゆうめい）で，チーズとマッシュルームがのったピザを食（た）べたわ。とてもおいしかったわ。昼食後（ちゅうしょくご）に，人生（じんせい）で初（はじ）めてキャラメル・ポップコーンを食（た）べたの。あなた，それを知（し）ってる？アメリカから来（き）たって聞（き）いたわ。

　私（わたし）たちはショッピングを楽（たの）しんで，そこでとても楽（たの）しい時間（じかん）を過（す）ごしたんだけど，1つ問題（もんだい）があったの。そこには書店（しょてん）がなかったの。私（わたし）は読書（どくしょ）が大好（だいす）きだから，そのことは悲（かな）しかったわ。

　ところで，あなたは新（あたら）しいコンピューターを探（さが）していたわよね。そこならいいコンピューターが見（み）つかるわよ。もし暇（ひま）な日（ひ）があれば，来月（らいげつ）そのショッピングセンターに行（い）きましょう。

あなたの友人（ゆうじん），

カナコ

75

テーマ **5** 説明文①

| 学習日 | 目標時間 1問 **60**秒 | 得点 /5 合格点3点 |

次の英文の内容に関して，(1) から (5) までの質問に対する答えとして最も適切なもの，または文を完成させるのに最も適切なものを 1，2，3，4 の中から一つ選びなさい。

Shota's dream

Shota is ten years old. He lives with his parents and grandmother. His parents work hard and sometimes come home late, so he is usually at home with his grandmother after school. He loves talking with her. She teaches him a lot of things. Now he is learning cooking from her.

Shota's grandmother is a very good cook. One day she was cooking fried rice. Fried rice is his favorite food. He was watching her cooking and thought "cooking is easy." The next day, he tried cooking himself and ate his fried rice. It was really bad. He wanted to cook good fried rice. So he practiced again and again and asked many questions of his grandmother. She was a good coach. Three months later, he finally cooked good fried rice. His grandmother liked it very much. He was really glad.

He sometimes cooks fried rice for his family on Sundays. All his family like it very much. He can make delicious salad, too. And he will try chicken next. Now his dream is to be a professional cook.

(**1**) How many people are there in Shota's house?
  1. Two.
  2. Three.
  3. Four.
  4. Five.

(**2**) Who teaches cooking to Shota?

　1. His grandmother.

　2. His friend.

　3. His mother.

　4. His grandfather.

(**3**) What food does Shota like very much?

　1. Hamburgers.

　2. Salad.

　3. Ice cream.

　4. Fried rice.

(**4**) He finally cooked good fried rice

　1. two months later.

　2. three months later.

　3. four months later.

　4. three years later.

(**5**) Shota wants to become

　1. a teacher.

　2. a professional cook.

　3. a police officer.

　4. a pianist.

Part 4

長文の内容一致選択

解答と解説

（1） 訳 ショウタの家には何人の人がいますか。
1. 2人。　2. 3人。　3. 4人。　4. 5人。

正解 3

解説 本文1〜2行目に注目。ショウタは両親と祖母と暮らしている。よって合計4人。

（2） 訳 だれがショウタに料理を教えていますか。
1. 彼の祖母。　2. 彼の友だち。　3. 彼の母。　4. 彼の祖父。

正解 1

解説 第1段落の後半を見れば，彼が祖母から料理を習っていることがわかる。

（3） 訳 ショウタが大好きな食べ物は何ですか。
1. ハンバーガー。
2. サラダ。
3. アイスクリーム。
4. チャーハン。

正解 4

解説 第2段落の2行目に「チャーハンは彼の大好物」とあるので，正解は選択肢4。

（4） 訳 ……，彼はついにおいしいチャーハンを作った。
1. 2か月後。
2. 3か月後。
3. 4か月後。
4. 3年後。

正解 2

解説 第2段落の後半部分の，「Three months later, he finally cooked good fried rice.」と書かれている1文が見つかれば容易。正解は選択肢2。

（5） 訳 ショウタは……になりたい。
1. 先生
2. プロの料理人
3. 警察官
4. ピアニスト

正解 2

解説 最終文に「彼の夢はプロの料理人になることだ」と書いてある。よって正解は選択肢2。

ショウタの夢

　ショウタは 10 歳だ。彼は両親とおばあさんといっしょに暮らしている。彼の両親は熱心に仕事をしていて，ときどき家に帰るのが遅いので，彼は放課後はたいていおばあさんといっしょに家にいる。彼はおばあさんと話すのが大好きだ。おばあさんは彼にたくさんのことを教えてくれる。現在，彼はおばあさんから料理を習っている。

　ショウタのおばあさんはとても料理がうまい。ある日，彼女はチャーハンを作っていた。チャーハンは彼の大好物だ。彼は彼女の料理を見ていて，「料理するのは簡単だ」と思った。翌日，彼は自分で料理を試してみて，自分で作ったチャーハンを食べた。それは本当にまずかった。彼はおいしいチャーハンを作りたかった。だから何度も何度も練習して，いつもおばあさんにたくさんの質問をした。彼女はよいコーチだった。3 か月後，彼はついにおいしいチャーハンを作った。おばあさんはとても気に入ってくれた。彼は本当にうれしかった。

　彼は日曜日にときどき家族にチャーハンを作る。彼の家族はみなそれが大好きだ。彼はおいしいサラダも作れるが，次はチキンに挑戦するつもりだ。現在の彼の夢はプロの料理人になることだ。

テーマ 6 説明文②

学習日	目標時間 1問 60秒	得点 /5 合格点3点

次の英文の内容に関して，(1)から(5)までの質問に対する答えとして最も適切なもの，または文を完成させるのに最も適切なものを 1，2，3，4 の中から一つ選びなさい。

Rie's happy day

Rie is twelve years old. Last Sunday Rie and her friend Yuki were waiting at a bus stop. They were going to the movie theater in the city. It was a sunny day. They met a young couple with a pretty baby on the bus. The baby smiled at Rie and she smiled at him, too. About thirty minutes later, the bus arrived at the center of the city.

They walked to the theater. It was around noon. Before they arrived, Rie found something on the street. "Look! What's that? The yellow thing over there," she said. She picked it up. It was a wallet. "Oh, what shall we do?" said Rie. "Let's go to the police," said Yuki. They soon went to a police box* and showed the wallet to the police officer. He said, "Thank you very much. You are very kind."

They went to Super Doughnut near the theater. They ate strawberry and chocolate doughnuts there. The doughnuts were really good. They felt very happy. The movie started at 2 p.m. It was a comedy*. Rie's favorite actor was in the movie. They enjoyed it and laughed a lot. It ended at about 4 p.m.

On their way home, Yuki said, "It was a very good day." "Yes. I think so, too," said Rie. It was Rie's happy day.

---

*police box：交番
*comedy：喜劇，コメディー

Point

設問を見て，本文の内容をつかむ練習をしてみよう！

設問を先に見る場合は，混乱するので選択肢は読まなくて OK！

(1) Where did Rie and Yuki go last Sunday?
  1. To a library.
  2. To a beach.
  3. To a movie theater.
  4. To a supermarket.

(2) How long was it to the center of the city by bus?
  1. About twenty minutes.
  2. About thirty minutes.
  3. About forty-five minutes.
  4. About an hour.

(3) Rie and Yuki went to a police box because
  1. Rie found a wallet on the street.
  2. Rie wanted to know the place of the movie theater.
  3. Rie needed some money.
  4. Rie was looking for her mother.

(4) What did Rie and Yuki eat for lunch?
  1. Cheeseburgers.　　**2.** Sandwiches.
  3. Doughnuts.　　**4.** Soup and rice.

(5) When did the movie finish?
  1. About noon.　　**2.** At two p.m.
  3. About three p.m.　　**4.** Around four p.m.

Part **4**

長文の内容一致選択

解答と解説

(1) 訳 先週の日曜日，リエとユキはどこへ行きましたか。

正解 **3**

1. 図書館へ。
2. ビーチへ。
3. 映画館へ。
4. スーパーマーケットへ。

解説 第1段落の2行目に2人は映画館に行こうとしていたとある。また第3段落で映画を楽しんだ記述があることからも，正解が選択肢3であるとわかる。

(2) 訳 バスで町の中心までどのくらいかかりましたか。

正解 **2**

1. 約20分。 2. 約30分。 3. 約45分。 4. 約1時間。

解説 第1段落の最終文に注目。約30分後に町の中心に着いたとある。よって正解は選択肢2。

(3) 訳 リエとユキは交番に行きました，というのは……からでした。

正解 **1**

1. リエが通りで財布を見つけた
2. リエが映画館の場所を知りたかった
3. リエがお金が必要だった
4. リエがお母さんを捜していた

解説 第2段落はリエが通りで財布を見つけた話が書かれているが，その財布を届けるために交番に行ったのである。選択肢1が正解。

(4) 訳 リエとユキは昼食に何を食べましたか。

正解 **3**

1. チーズバーガー。
2. サンドイッチ。
3. ドーナッツ。
4. スープとご飯。

解説 昼食に関しては第3段落前半部分に記述がある。「スーパー・ドーナッツ」というドーナッツ店で「イチゴとチョコレートのドーナッツ」を食べたとある。

(5) 訳 いつ映画は終わりましたか。

正解 **4**

1. 正午。 2. 午後2時。 3. 午後3時ごろ。 4. 午後4時ごろ。

解説 選択肢の1，2，4が本文中に出てくる時間。1はリエが財布を発見する前の時間，2は映画が始まった時間，4が映画が終わった時間である。

リエの幸せな日

　リエは12歳だ。先週の日曜日，リエと友だちのユキはバス停で待っていた。彼女たちは町にある映画館に行くところだった。晴れた日だった。彼女たちはバスの中でかわいい赤ちゃんを連れた夫婦に会った。赤ちゃんがリエに笑いかけると，彼女も赤ちゃんにほほえみかけた。約30分後にバスは町の中心部に到着した。

　彼女たちは映画館まで歩いて行った。だいたい正午ごろだった。到着する前にリエは通りで何かを見つけた。「見て，何あれ？　あそこの黄色いの」と彼女は言った。彼女はそれを拾い上げた。それは財布だった。「ああ，私たちどうしたらいいの？」とリエは言った。「交番に行こうよ」とユキが言った。彼女たちはすぐに交番に行って，財布を警官に見せた。彼は「どうもありがとう，きみたちは親切だね」と言った。

　彼女たちは映画館近くの「スーパー・ドーナッツ」に行った。彼女たちはそこでイチゴとチョコレートのドーナッツを食べた。ドーナッツはとてもおいしかった。彼女たちはとても幸せに感じた。映画は午後2時に始まった。それはコメディーだった。リエの大好きな俳優が映画に出演していた。彼女たちは楽しんで大いに笑った。映画は午後4時ごろに終わった。

　家に帰る途中にユキが「とてもいい日だったね」と言った。「うん，私もそう思う」とリエが言った。リエの幸せな1日だった。

Part 5
リスニング 第1部 会話の応答文選択

POINT

形 式	イラストを見ながら対話を聞き，最後の発言に対する最も適切な応答を，放送される3つの選択肢の中から選ぶ
問題数	10問
解答時間	1問につき10秒
傾 向	A，B2人の対話がA→B→Aと読まれ，それに続くBの発言を選ぶ。放送文はそれぞれ二度ずつ読まれる
対 策	放送前にイラストを見て，登場人物，場所，目立つものなどを確認しよう。疑問詞を用いない疑問文と，疑問詞を用いた疑問文に対する答え方の練習をしよう！

テクニック❶ イラストから状況をつかむ！

話者2人が描かれたイラストから，対話のテーマや状況，2人の関係について情報をつかみましょう。話者の関係は友達，家族，教師と生徒，店員と顧客などがよく出ます。

テクニック❷ 疑問詞を用いない疑問文に対する答え方

原則として Yes / No で答えます。実際の英語ではそれ以外の答え方をすることもよくありますが，4級の問題では，大半が原則通りです。ただし，すべての選択肢が Yes / No で答えている場合は注意が必要です。例題を見てみましょう。

〈例題〉

A : Let's eat dinner at a restaurant around here.

B : OK. Where would you like to go?

A : Do you like the Big Boy Burger?

1. Yes. I love it.
2. Yes. Let's eat at home.
3. No. You're a good cook.

質問は「ビッグ・ボーイ・バーガーは好きですか」と好き嫌いをたずねているので，適切な答えは選択肢1の「はい，大好きです」になります。

テクニック❸ 疑問詞を用いた疑問文に対する答え方

Yes / No では答えられないので，疑問詞を正確に聞き取り，質問の意図をつかむことが最も重要です。

〈例題〉

A : Will you have a piano lesson tomorrow?
B : Yes, I will.
A : Where will you have the lesson?
1. On Friday.
2. Because I want to be a pianist.
3. At home.

質問は Where ～ ? で場所をたずねているので，答えは3です。文字で見ると簡単ですが，実際には Where が聞き取れるかが勝負になります。1は When と聞き間違えたとき，2は Why と聞き間違えたときの答えです。

テクニック❹ さまざまな応答のパターンを知ろう！

最後の発言が疑問文でない場合もたまにあります。この場合は慌てずに，対話として自然な流れになる応答を選びましょう。

テクニック❺ 1回目で聞き取れなくてもパニックにならない！

リスニング問題全体を通して，放送文は2回流れます。これは，解く側にとっては大きなメリットです。1回目によく聞き取れなくてもすぐに気持ちを切りかえ，2回目に意識を集中しましょう。

テーマ ① 質問に対する応答

しつもん たい おうとう

リスニング・会話の応答文選択
かいわ おうとうぶんせんたく

学習日	目標時間 1問 10秒	得点 6 合格点4点

イラストを参考にしながら対話と応答を聞き，最も適切な応答を 1，2，3 の中から一つ選びなさい。

No.1　🔊 TR 3

No.2　🔊 TR 4

No.3　🔊 TR 5

No.4　🔊 TR 6

No.5　🔊 TR 7

No.6　🔊 TR 8

Point

最後の発言が疑問文とは限らない。イラストと会話の流れに注意しよう。

「疑問詞を用いていない疑問文」に対する答えは，〈Yes / No〉を使わないもののほうが多いので注意しよう！

解答と解説

No.1 🔊 TR 3

正解 2

🔊 放送文

Boy: Excuse me.
Girl: Yes?
Boy: I can't find the city library.

選択肢

1. It will open at ten.
2. It's on the corner.
3. I like books.

🔊 放送文 訳

男の子：すみません。
女の子：はい。
男の子：市立図書館が見当たらないんです。

選択肢訳

1. 10 時に開きます。
2. 角にありますよ。
3. 私は本が好きです。

解説 最後の発言が疑問文ではないパターンの問題。男の子は I can't find ～．「～が見当たりません」と発言しているが，状況と会話の流れから男の子が女の子に道をたずねるために話しかけていることが明らかなので，それに答える女の子は It's on the corner. と「場所」を伝えるのが自然。

No.2 🔊 TR 4

正解 3

🔊 放送文

Man: Let's have dinner.
Woman: Where would you like to go?
Man: Well, do you like Tom's Diner?

選択肢

1. I cooked lunch.
2. You look nice.
3. Let's go there.

🔊 放送文 訳

男性：夕食を食べよう。
女性：どこに行きたい？
男性：そうだね，トムズ・ダイナーは好き？

選択肢訳

1. 私は昼食を作りました。
2. あなたはすてきに見えます。
3. そこに行きましょう。

解説 Do you like ～? で「～は好きですか」とたずねているが，Yes / No がある選択肢は一つもない。最後の発言の主旨は Tom's Diner という「具体的な場所（固有名詞）」について相手の考えをたずねる内容になっているので，それに賛成するか反対するかを表す選択肢が正解となる。よって，選択肢 3「そこに行きましょう」が自然。

No.3 🔊 TR 5

正解 **1**

🔊 放送文

Man: How was your trip to Spain?
Woman: It was wonderful!
Man: Did you enjoy Spanish food?

選択肢

1. Of course.
2. No, thank you.
3. It was cold there.

🔊 放送文 訳

男性：きみのスペイン旅行はどうだった？
女性：すばらしかったわ！
男性：スペイン料理は楽しんだ？

選択肢訳

1. もちろん。
2. いいえ，けっこうです。
3. そこは寒かったわ。

解説 「スペイン料理を楽しんだか」とたずねているので，選択肢 **1** の「もちろん」が正解。選択肢 **2** の No, thank you.「いいえ，けっこうです」は丁寧に断るときの表現なので，ここでは不適切。

No.4 🔊 TR 6

正解 **1**

🔊 放送文

Father: What are you doing?
Daughter: I'm looking for my wallet.
Father: Did you look in your bag?

選択肢

1. Yes, many times.
2. Fine, thanks.
3. No, let's not.

🔊 放送文 訳

父親：何をしてるんだい？
娘：財布を捜しているの。
父親：かばんの中は見たかい？

選択肢訳

1. うん，何度も。
2. 元気です，ありがとう。
3. いいえ，やめましょう。

解説 「かばんの中は見たかい？」とたずねているので，選択肢 **1** の「うん，何度も」が正解。選択肢 **3** の No, let's not. は Let's 〜 . で誘われて断るときの言い方。

🔊 放送文

Woman: How was the cheese burger, Tom?

Man: It was delicious!

Woman: Let's have another one.

選択肢

1. Sorry, I'm late.
2. No, I'm full.
3. Let's go to the restaurant.

🔊 放送文 訳

女性：チーズバーガーどうだった，トム？
男性：おいしかったよ！
女性：もう一つ食べましょう。

選択肢訳

1. すみません，遅れました。
2. いや，おなかいっぱい。
3. そのレストランに行こう。

解説 最後の発言が疑問文ではないパターンの問題。女性が「もう一つ食べましょう」と提案しているので，男性の答えはその提案に対する答えとなる。I'm full. は「おなかがいっぱい」で，これ以上食べられないときによく使う言い方。another「もう一つの」も会話でよく使う重要な単語。

🔊 放送文

Boy: How was the history exam?

Girl: I answered all the questions. How about you?

Boy: I couldn't do it well.

選択肢

1. You are great.
2. We like history.
3. That's too bad.

🔊 放送文 訳

男の子：歴史の試験はどうだった？
女の子：全部の問題に答えたわ。あなたはどうだったの？
男の子：ぼくはうまくいかなかったよ。

選択肢訳

1. あなたはすばらしい。
2. 私たちは歴史が好きです。
3. それは残念だわ。

解説 最後の発言が疑問文ではないパターンの問題。女の子は男の子から「試験がどうだったか」を問われて「すべて答えた」と応答した上で，「あなたはどうだった？」とたずねている。それに対して男の子が I couldn't do it well.「うまくいかなかった」と言っているのだから，**3**. That's too bad. が自然。この表現は相手への「同情を表す」のによく用いられる重要表現。

Part **5** リスニング・会話の応答文選択

テーマ ② 疑問詞のある質問文

学習日	目標時間	得点
/	1問 **10**秒	/6 合格点4点

イラストを参考にしながら対話と応答を聞き，最も適切な応答を 1，2，3 の中から一つ選びなさい。

No.1 TR 9

No.2 TR 10

No.3 TR 11

No.4 TR 12

No.5 TR 13

No.6 TR 14

最後の発言は疑問詞を用いた疑問文が最も多い。

会話の流れをしっかり踏まえた上で，文頭の疑問詞の聞き取りに集中しよう！

解答と解説

No.1 ◀))) TR 9

正解 **1**

◀))) 放送文

Customer: Good afternoon.
Clerk: May I help you?
Customer: How much is a small-size tea?

選択肢
1. Two dollars.
2. We have coffee, too.
3. It's big.

◀))) 放送文 訳

客：こんにちは。
店員：いらっしゃいませ。
客：Sサイズの紅茶はいくらですか。

選択肢訳
1. 2ドルです。
2. 私たちにはコーヒーもございます。
3. それは大きいです。

解説 How much 〜 ? は値段をたずねる表現なので，「2ドル」と答えている選択肢 **1** が正解。

No.2 ◀))) TR 10

正解 **2**

◀))) 放送文

Sister: You look tired.
Brother: I had baseball practice this afternoon.
Sister: How long did you practice?

選択肢
1. At the baseball field.
2. For three hours.
3. Around five thirty.

◀))) 放送文 訳

姉：疲れているみたいね。
弟：今日の午後，野球の練習があったんだ。
姉：どのくらい練習したの？

選択肢訳
1. 野球場で。
2. 3時間。
3. 5時30分ごろ。

解説 How long 〜 ? は時間の長さを問う表現。前置詞の for には「〜の間」という意味があるので，選択肢 **2** が正解。選択肢 **3** は時刻をたずねられたときの答え方。

🔊 放送文

Wife: I will prepare dinner soon.
Husband: OK. What will we have?
Wife: Which do you want, beef curry or beef stew?

選択肢

1. I want beef curry today.
2. Can you eat salad?
3. Chicken burger, please.

🔊 放送文 訳

妻：すぐに夕食の準備をするわ。
夫：わかった。夕食は何？
妻：ビーフカレーとビーフシチューのどちらがいい？

選択肢訳

1. 今日はビーフカレーがいいな。
2. サラダ食べられる？
3. チキンバーガーをお願い。

解説 Which do you want, A or B? で「A と B のどちらがほしいですか」。どちらかを明確に答えているのは選択肢 1 のみ。選択肢 3 のように A, B どちらでもないものを答えるのは不適切。

🔊 放送文

Brother: It's Sunday. How about going to the pool?
Sister: Sorry, but I don't want to go swimming today.
Brother: Why not?

選択肢

1. We like swimming very much.
2. I think so.
3. I have a lot of homework.

🔊 放送文 訳

弟：日曜日だね。プールに行くのはどうだい？
姉：ごめんなさい，でも今日は泳ぎに行きたくないの。
弟：どうしてだい？

選択肢訳

1. 私たちは泳ぐのが大好きね。
2. 私もそう思うわ。
3. 宿題がたくさんあるの。

解説 I don't want to go swimming today.「今日は泳ぎに行きたくないの」という姉に対して，弟が Why not?「どうして」と「理由」をたずねている。誘いを断る理由として適切なのは 3. I have a lot of homework.「宿題がたくさんある」のみ。

正解 **2**

🔊)) 放送文

Girl: Where are you going?
Boy: To the stationery shop.
Girl: What will you buy there?

選択肢

1. I'll meet Ms. Powell.
2. I'll buy some pencils and notebooks.
3. I went there yesterday.

🔊)) 放送文 訳

女の子：どこに行くの？
男の子：文房具店へ。
女の子：そこで何を買うの？

選択肢訳

1. パウエルさんに会うよ。
2. 鉛筆とノートを買うよ。
3. 昨日行ったよ。

解説 stationery shop「文房具店」が少し難しい単語だったかもしれないが, What will you buy there?「そこで何を買うの？」が聞き取れれば問題ない。「買うもの」を答えればいいことがわかる。正解は選択肢 **2**。

正解 **3**

🔊)) 放送文

Mother: Where are you now?
Son: In the park near the school. I am with Robby.
Mother: When will you come back home?

選択肢

1. For three hours.
2. At Robby's house.
3. Around seven.

🔊)) 放送文 訳

母親：今，どこにいるの？
息子：学校の近くの公園。ロビーといっしょだよ。
母親：いつ家に戻ってくるの？

選択肢訳

1. 3時間。
2. ロビーの家で。
3. 7時ごろ。

解説 When ～ ? は「いつ～ですか」と「時」をたずねる表現で, ここでは時刻について答えている選択肢 **3** が正解。around は「～ころ」。

Part **5** リスニング・会話の応答文選択

Part 5

リスニング 第2部 会話の内容一致選択

POINT

形式	対話を聞き，その内容に関する質問の答えを4つの選択肢の中から選ぶ
問題数	10問
解答時間	1問につき10秒
傾向	A，B2人による2往復の対話。放送文はそれぞれ二度ずつ読まれる
対策	放送文が始まる前に，問題用紙に印刷されている選択肢に目を通そう！

テクニック❶ 先に選択肢に目を通しておく！

選択肢は問題用紙に印刷されています。放送文が始まる前に，選択肢にさっと目を通しておきましょう。対話の状況や，質問内容をある程度予想できるので，放送文の聞き取りが楽になります。

テクニック❷ Whatを用いた疑問文に対する答え方

主語を聞き取るよう意識しましょう。「だれが」「何を」するのか，という点に注意することが重要です。

〈例題〉

A : Let's go shopping after school.

B : Sorry, I have a class meeting today.

A : How about next Sunday?

B : I have to help my mother.

Question : What will the girl do after school today?

1. Go shopping.
2. Have a class meeting.
3. Help her mother.
4. Go to a movie.

「買い物」「クラス会議」「母親の手伝い」といった内容が聞き取れますが，質問は「女の子」が「今日の放課後」に「何をするか」なので正解は **2** になります。

テクニック❸ What 以外の疑問詞を用いた疑問文に対する考え方

まずはテクニック❶で紹介しているように，選択肢に目を通しましょう。そこから疑問詞が想定できる場合もあります。

〈選択肢の例と考え方〉

1. On Sunday. 2. On Monday. 3. On Tuesday. 4. On Wednesday.

これらはすべて「時」を表す語句なので，疑問詞は when であると予想がつきます。そうすれば，余裕を持って問題を聞くことができるでしょう。

テクニック❹ 数字の聞き取りには発音の練習が効果的！

「年齢」「時間」「値段」「数」「日付」など，日常生活に関する数字はよく出題されます。

数字のリスニング力を上げるには，日ごろから発音の練習をしましょう！　自分で発音できる言葉に比べると，**発音できない言葉は聞き取りが難しくなると言われています。とくに数字の発音は難しいものが多いので，積極的に発音の練習をするよう心がけてください。**

また，メモを取る場合は，なるべく簡単に数字だけを書くようにすると効果的です。

テーマ① What「何を」の質問文

学習日	目標時間 1問 **10**秒	得点 ／6 合格点4点

対話と質問を聞き，その答えとして最も適切なものを 1，2，3，4 の中から一つ選びなさい。

No.1

🔊 TR 16　**1**. Dance in a contest.　　**2**. Go to a piano concert.
　　　　　　3. Take a flute lesson.　　**4**. Go to a museum.

No.2

🔊 TR 17　**1**. Their trip to China.　　**2**. Chinese language.
　　　　　　3. The new restaurant.　　**4**. Their favorite food.

No.3

🔊 TR 18　**1**. A hat.　　　　　　　　**2**. The beach.
　　　　　　3. A towel.　　　　　　　**4**. The weekend.

No.4

🔊 TR 19　**1**. She will go to school.
　　　　　　2. She will help him with his homework.
　　　　　　3. She will get a present for him.
　　　　　　4. She will buy a dictionary.

No.5

🔊 TR 20　**1**. The DVD.　　　　　　　**2**. The actor.
　　　　　　3. The sound.　　　　　　**4**. The story.

No.6

🔊 TR 21　**1**. Science.　　　　　　　　**2**. The English club.
　　　　　　3. The science teacher.　　**4**. English.

Point
1回目の放送で対話をすべて聞き取れなくても，質問文の聞き取りに集中するのがコツ。

質問文の聞き取りでは主語と述語をとくに意識しよう。

解答と解説

No.1 🔊 TR 16

正解 **2**

🔊 放送文

A: Luis, will you play the piano in the concert tomorrow?
B: No, but my friend will.
A: That's good.   Shall we go to the concert together?
B: Good idea.
Question: What will they do tomorrow?

🔊 放送文 訳

A: ルイス，明日コンサートでピアノを弾くの？
B: いや，でも友だちが弾くよ。
A: それはいいわね。コンサートいっしょに行かない？
B: いいね。
質問: 彼らは明日何をしますか。

選択肢訳 ▶ 1. コンテストで踊る。　　2. ピアノのコンサートに行く。
3. フルートのレッスンを受ける。　4. 美術館へ行く。

解説 ピアノのコンサートの話をしているが，「いっしょに行かない？」という提案に「いいね」と答えているので，2人でピアノのコンサートに行くことがわかる。

No.2 🔊 TR 17

正解 **3**

🔊 放送文

A: Where did you have lunch yesterday?
B: At the new Chinese restaurant.
A: Was it good?
B: Yes, the food was great.
Question: What are they talking about?

🔊 放送文 訳

A: 昨日どこで昼食を食べたの？
B: 新しい中華料理店だよ。
A: よかった？
B: うん，料理はおいしかった。
質問: 彼らは何について話していますか。

選択肢訳 ▶ 1. 彼らの中国旅行。　　2. 中国語。
3. 新しいレストラン。　　4. 彼らの大好きな料理。

解説 選択肢には中国に関係するものがいくつかあるが，会話の中心は lunch や food など「食べ物」に関する話なので，選択肢 3 を選ぶ。

正解 **3**

🔊 放送文

A: I'm going shopping now, Dad.
B: What will you buy?
A: A towel. I'm going to go to the beach this weekend.
B: Then, I'll get a hat for you.
Question: What will the girl buy?

🔊 放送文 **訳**

A: 今，買い物に行こうとしているの，お父さん。
B: 何を買うつもりだい？
A: タオル。週末ビーチに行くの。
B: じゃあ，帽子を買ってあげよう。
質問：女の子は何を買いますか。

選択肢訳
1. 帽子。
2. ビーチ。
3. タオル。
4. 週末。

解説 質問文の３つの重要な要素「疑問詞 What」「主語 the girl」「動詞 buy」，つまり，「女の子が（主語）」「何を（疑問詞）」「買う（動詞）」のかをしっかり聞き取ることが重要。１回目の放送で対話の内容をすべて理解できなくても，「質問の中心」を聞き取っていれば，２回目の放送でポイントが絞れる。

正解 **2**

🔊 放送文

A: Mom, are you busy?
B: No, Mike. Why?
A: I have to finish my homework, but it's too difficult.
B: OK. Let me see it.
Question: What will Mike's mother do?

🔊 放送文 **訳**

A: お母さん，忙しい？
B: いいえ，マイク。どうして？
A: 宿題を終わらせないといけないんだけど，難しすぎるんだ。
B: わかったわ。見せてごらんなさい。
質問：マイクの母親は何をするつもりですか。

選択肢訳
1. 彼女は学校に行くつもりだ。
2. 彼女は彼の宿題を手伝うつもりだ。
3. 彼女は彼のためにプレゼントを手に入れるつもりだ。
4. 彼女は辞書を買うつもりだ。

解説 「宿題が難しすぎる」と言うマイクに対して母親は「わかったわ。見せてごらんなさい」と言っていることから，正解は **2**. She will help him with his homework.「彼の宿題を手伝う」だとわかる。help A（人）with B（事柄）「B のことで A を手伝う，A の B を手伝う」は４級で頻出。

🔊 放送文

A: What did you do on Sunday, Maria?

B: I watched a movie on DVD.

A: How was the movie? Was it good?

B: No. The story was not interesting at all.

Question: What was bad about the movie?

🔊 放送文 訳

A: 日曜日は何をしたの，マリア？

B: DVD で映画を見たの。

A: その映画どうだった？　よかった？

B: だめ。ストーリーがまったくおもしろくなかったの。

質問：その映画は何が悪かったのですか。

選択肢訳
1. DVD。
2. 俳優。
3. 音声。
4. ストーリー。

解説 マリアは「映画はよかったか」という問いに対し，「よくなかった。ストーリーがまったくおもしろくなかった」(The story was not interesting at all.) と答えている。この問題も 1 回目で質問文のポイントをしっかり聞き取れれば，2 回目にあわてず解答に該当する箇所が聞き取れる。

🔊 放送文

A: Do you like science, Erika?

B: Yes, I like it very much.

A: How about English?

B: I like it. But science is the best for me.

Question: What subject does Erika like the best?

🔊 放送文 訳

A: 理科は好きかい，エリカ？

B: ええ，大好きよ。

A: 英語はどう？

B: 好きよ。でも私には理科が一番ね。

質問：エリカが最も好きな教科は何ですか。

選択肢訳
1. 理科。
2. 英語クラブ。
3. 理科の先生。
4. 英語。

解説 まずエリカは「理科が大好き」と発言しており，「英語も好きだけど，理科が一番」と言っていることから，正解は 1. Science「理科」だとわかる。Science が 2 回出てくること，English も好きだと言っていることに惑わされないように。〈What + 名詞 ～ ?〉の質問は，その名詞が答えの中心となることにも注意しよう。

Part **5** リスニング・会話の内容一致選択

テーマ 2

数字や曜日を聞き取る問題

| 学習日 | 目標時間 1問 10秒 | 得点 /6 合格点4点 |

対話と質問を聞き，その答えとして最も適切なものを 1，2，3，4 の中から一つ選びなさい。

No.1

🔊 TR 22　**1**. 15.　　　　　　　　　　**2**. 14.

　　　　　3. 13.　　　　　　　　　　**4**. 12.

No.2

🔊 TR 23　**1**. Today.　　　　　　　　　**2**. Yesterday.

　　　　　3. Last Sunday.　　　　　　**4**. Next Sunday.

No.3

🔊 TR 24　**1**. Three weeks ago.　　　　**2**. Three years ago.

　　　　　3. Last week.　　　　　　　**4**. Last year.

No.4

🔊 TR 25　**1**. For thirty minutes.　　　**2**. For an hour.

　　　　　3. For two hours.　　　　　**4**. For three hours.

No.5

🔊 TR 26　**1**. Two dollars.　　　　　　**2**. Three dollars.

　　　　　3. Five dollars.　　　　　　**4**. Seven dollars.

No.6

🔊 TR 27　**1**. At 3.　　　　　　　　　　**2**. At 4.

　　　　　3. At 5.　　　　　　　　　　**4**. At 7.

聞き取った数字（年齢，時間，値段，日付）や曜日を念頭に置いておこう。

「対話の内容と具体的数字との関係」に注意するのが，内容を忘れないコツ。

解答と解説

No.1 (◀)) TR 22

正解 **4**

(◀)) 放送文

A: Who is the girl next to your father?
B: My cousin.
A: Is she older than you?
B: Yes, she is three years older. She is fifteen.

Question: How old is the boy?

(◀)) 放送文 訳

A：あなたのお父さんのとなりにいる女の子はだれ？
B：ぼくのいとこ。
A：彼女はあなたより年上？
B：うん，彼女はぼくより3つ年上。15歳だよ。

質問：男の子は何歳ですか。

選択肢訳 ▶ 1. 15歳。　　2. 14歳。
3. 13歳。　　4. 12歳。

解説 彼のいとこは彼より3歳年上で15歳。つまり彼の年齢は12歳なので，選択肢の**4**が正解。

No.2 (◀)) TR 23

正解 **4**

(◀)) 放送文

A: I have something for you today, Jennifer.
B: What is it, Steven?
A: Your birthday present.
B: Thanks, but my birthday is next Sunday.
Question: When is Jennifer's birthday?

(◀)) 放送文 訳

A：今日はきみにあげるものがあるんだ，ジェニファー。
B：何，スティーブン？
A：きみへの誕生日プレゼント。
B：ありがとう，だけど私の誕生日は今度の日曜日よ。
質問：ジェニファーの誕生日はいつですか。

選択肢訳 ▶ 1. 今日。　　2. 昨日。
3. 先週の日曜日。　　4. 来週の日曜日。

解説 ジェニファーの最後の発言に注目。my birthday is next Sunday と言っているので，正解は選択肢**4**。

Part **5** リスニング・会話の内容一致選択

🔊)) 放送文

A: Did you buy the umbrella, Takuya?

B: No, my brother gave it to me last week.

A: It looks new.

B: Yes, he bought it three weeks ago.

Question: When did Takuya's brother buy the umbrella?

🔊)) 放送文 訳

A：傘を買ったの，タクヤ？

B：いや，兄が先週，ぼくにくれたんだ。

A：新しく見えるわね。

B：うん，彼は 3 週間前に買ったんだ。

質問：タクヤの兄はいつ傘を買いましたか。

選択肢訳 ▶

1. 3 週間前。 　　　　　　2. 3 年前。

3. 先週。 　　　　　　　　4. 昨年。

解説 ▶ タクヤの最後の発言から 3 週間前であることがわかる。選択肢 **3** の「先週」は兄がタクヤに傘をあげたとき。

🔊)) 放送文

A: Hello, George.

B: Hi, Monica. Did you study for the math test?

A: Yes, I studied for three hours. How about you?

B: Just for half an hour.

Question: How long did Monica study?

🔊)) 放送文 訳

A：こんにちは，ジョージ。

B：やあ，モニカ。数学のテストの勉強はした？

A：うん，3 時間勉強したわ。あなたは？

B：30 分だけ。

質問：モニカはどのくらい勉強しましたか。

選択肢訳 ▶

1. 30 分。 　　　　　　　2. 1 時間。

3. 2 時間。 　　　　　　　4. 3 時間。

解説 ▶ How long ～ ? は時間の長さをたずねる表現である。会話中，勉強時間の長さは「3 時間」と「30 分」が出てくるが，「3 時間」はモニカの，「30 分」はジョージの勉強時間である。質問はモニカの勉強時間なので，正解は選択肢 **4**。

正解 **3**

🔊 **放送文**

A: Sandra, it's time for lunch. Let's go to the French restaurant near the school.

B: Sorry, I have only five dollars today.

A: OK, then, how about going to the school cafeteria?

B: Good idea.

Question: How much money does Sandra have today?

🔊 **放送文 訳**

A: サンドラ，昼食の時間だね。学校の近くのフランス料理店に行こう。

B: ごめん，今日5ドルしか持ってないの。

A: わかった，それなら学食に行かない？

B: いいわね。

質問: サンドラは今日いくら持っていますか。

選択肢訳
1. 2ドル。
2. 3ドル。
3. 5ドル。
4. 7ドル。

解説 サンドラは最初の発言で「今日は5ドルしか持っていない」と言っているので，選択肢 3 を選ぶ。

正解 **2**

🔊 **放送文**

A: Jessica, will today's meeting start at three?

B: No, it will start at four.

A: OK. Will it be a short meeting?

B: No, it'll be a long meeting. Maybe for three hours.

Question: What time does today's meeting start?

🔊 **放送文 訳**

A: ジェシカ，今日の会議は3時に始まるかい？

B: いいえ，4時に始まるわよ。

A: 了解。短い会議かな？

B: いいえ，長い会議になるわ。多分3時間ね。

質問: 今日の会議は何時に始まりますか。

選択肢訳
1. 3時。
2. 4時。
3. 5時。
4. 7時。

解説 最初に男性が，会議が3時に始まるかたずねているのに対して，ジェシカは4時と答えている。よって正解は選択肢 2。

Part **5** リスニング・会話の内容一致選択

103

Part 5 リスニング・会話の内容一致選択

テーマ 3 さまざまな疑問詞の質問文

学習日	目標時間	得点
/	1問 10秒	/6 合格点4点

対話と質問を聞き，その答えとして最も適切なものを 1，2，3，4 の中から一つ選びなさい。

No.1
TR 28
1. In her bag.
2. In her room.
3. In their car.
4. In the living room.

No.2
TR 29
1. He didn't sleep well yesterday.
2. He got up early today.
3. He studied hard today.
4. He played baseball yesterday.

No.3
TR 30
1. Her cousin.
2. Her friends.
3. Her grandfather.
4. Her grandmother.

No.4
TR 31
1. A white shirt.
2. A blue shirt.
3. A red shirt.
4. A brown shirt.

No.5
TR 32
1. By car.
2. By bus.
3. By train.
4. On foot.

No.6
TR 33
1. Easy.
2. Difficult.
3. Short.
4. Long.

解答と解説

No.1 ◀))) TR 28　　　　　　　　　　　　　　　　　　　正解 **3**

◀))) 放送文

A: What's wrong, Miho?

B: My racket isn't in my bag. I can't play table tennis with Sara.

A: It is in our car. I saw it there.

B: Really? Thanks a lot, Dad.

Question: Where is Miho's racket?

◀))) 放送文 訳

A: どうしたの，ミホ？

B: 私のラケットがかばんの中にないの。サラと卓球ができないわ。

A: ラケットは車の中にあるよ。そこにあるのを見たよ。

B: 本当？　ありがとう，お父さん。

質問: ミホのラケットはどこにありますか。

選択肢訳 1. 彼女のかばんの中。　　2. 彼女の部屋の中。
　　　　　　3. 彼らの車の中。　　　　4. 居間の中。

解説 かばんの中にラケットがないと言っているミホに対して，父親は車の中にあると言っている。正解は選択肢 3。

No.2 ◀))) TR 29　　　　　　　　　　　　　　　　　　　正解 **1**

◀))) 放送文

A: I'm going to bed, Mom.

B: Did you get up early this morning?

A: No, but I didn't sleep well last night.

B: All right. Good night.

Question: Why is the boy sleepy?

◀))) 放送文 訳

A: もう寝るね，お母さん。

B: 今朝は早く起きたの？

A: ううん，でも昨夜はよく寝られなかったんだ。

B: わかったわ。おやすみなさい。

質問: なぜ男の子は眠いのですか。

選択肢訳 1. 彼は昨日，よく寝られなかった。　　2. 彼は今日，早く起きた。
　　　　　　3. 彼は今日，一生懸命勉強した。　　　4. 彼は昨日，野球をした。

解説 「もう寝る」という息子に対して母親は「今朝は早く起きたの？」と聞いているが，息子の答えは「ううん，でも昨夜はよく寝られなかった」とある。息子が眠いのは昨日よく寝られなかったため。したがって正解は選択肢 1。

Part **5** リスニング・会話の内容一致選択

正解 **3**

◀)) 放送文

A: What is your plan for the weekend, Linda?

B: My grandfather will visit me.

A: That's nice. What will you do?

B: We'll go shopping.

Question: Who will visit Linda?

◀)) 放送文 訳

A：リンダ，きみの週末の予定は？

B：おじいさんが私を訪ねてくるわ。

A：いいね。きみたちは何をするんだい？

B：買い物に行くわ。

質問：だれがリンダを訪ねますか。

選択肢訳
1. 彼女のいとこ。 　　 2. 彼女の友だち。
3. 彼女のおじいさん。 4. 彼女のおばあさん。

解説 リンダが「おじいさんが私を訪ねてくる」と言っているので，選択肢 **3** が正解。grand という部分に気を取られて，**4**. Her grandmother. を選ばないように注意。

正解 **3**

◀)) 放送文

A: Excuse me. How much is this red shirt?

B: Fifty dollars.

A: That's a little expensive. How much is this blue one or that white one?

B: Forty dollars each.

Question: Which shirt is fifty dollars?

◀)) 放送文 訳

A：すみません。この赤いシャツはいくらですか。

B：50 ドルです。

A：少し高いわね。この青やあの白のシャツはいくらですか。

B：それぞれ 40 ドルです。

質問：どのシャツが 50 ドルですか。

選択肢訳
1. 白いシャツ。 　　 2. 青いシャツ。
3. 赤いシャツ。 　　 4. 茶色のシャツ。

解説 会話に出てくるシャツは 3 種類。赤いシャツが 50 ドルで，青のシャツと白のシャツがそれぞれ 40 ドル。質問は 50 ドルのシャツがどれかとたずねているので，正解は選択肢 **3**。

正解 **1**

🔊)) 放送文

A: Shiho, do you walk to school?
B: No, Mr. Gerrard. I usually take a school bus.
A: But you can't take the bus tomorrow. It's Sunday.
B: My father will bring me to school by car tomorrow.

Question: How will Shiho come to school tomorrow?

🔊)) 放送文 訳

A: シホ，あなたは学校に歩いて来ていますか。
B: いいえ，ジェラード先生。私はたいていスクールバスに乗ります。
A: しかし，明日はバスに乗れないですね。日曜日だから。
B: 明日はお父さんが車で学校に連れて来てくれます。

質問：シホは明日どうやって学校に来ますか。

選択肢訳
1. 車で。　　2. バスで。
3. 電車で。　4. 徒歩で。

解説 明日の日曜日に，シホがどうやって学校に来るのかをジェラード先生が心配している場面。通常はバスで来るのだが，日曜日は運行していない。最後のシホの発言に注目すると，父親が「車で」学校に連れてきてくれると言っている。

正解 **2**

🔊)) 放送文

A: How was your science test?
B: It was very difficult.
A: That's too bad. My English test was not very hard.
B: You're lucky.

Question: How was the girl's science test?

🔊)) 放送文 訳

A: 理科のテストどうだった？
B: とても難しかったわ。
A: それは大変だったね。ぼくの英語のテストはあまり難しくなかった。
B: あなたはラッキーね。

質問：女の子の理科のテストはどうでしたか。

選択肢訳
1. 簡単だった。　2. 難しかった。
3. 短かった。　　4. 長かった。

解説 理科のテストについては会話の前半部分。男の子が「理科のテストどうだった？」とたずねているのに対し，女の子は「とても難しかった」と答えている。正解は選択肢 **2**。

Part 5

リスニング 第3部 文の内容一致選択
(だい ぶ ぶん ないよういっ ち せんたく)

POINT

形 式 (けい しき)	英文を聞き，その内容に関する質問の答えを4つの選択肢の中から選ぶ
問題数 (もん だい すう)	10問 (もん)
解答時間 (かい とう じ かん)	1問につき10秒 (もん びょう)
傾 向 (けい こう)	2～4文程度の英文。放送文はそれぞれ二度ずつ読まれる (ぶんていど えいぶん ほうそうぶん に ど よ)
対 策 (たい さく)	話題の中心となる「7W1H」(what, which, who, whose, where, when, why, how)に注意しよう。4級ではとくに「だれが」「何を」したか(するか)が重要 (わ だい ちゅうしん ちゅう い きゅう なに じゅうよう)

テクニック❶ 選択肢から話題の中心をつかむ！
(せんたくし わだい ちゅうしん)

　放送文が始まる前に，選択肢に目を通しましょう。それだけで話題や話の内容を推測しやすくなります。
(ほうそうぶん はじ まえ せんたくし め とお わ だい はなし ないよう すいそく)

〈選択肢の例と考え方〉
(せんたくし れい かんが かた)

1. Cloudy　2. Rainy　3. Sunny　4. Windy

　これらはすべて天候に関する語句なので，話題には天気に関する内容が含まれることがわかります。
(てんこう かん ご く わ だい てん き かん ないよう ふく)

テクニック❷ 質問文の疑問詞(7W1H)と主語の聞き取りに注意！
(しつもんぶん ぎもんし しゅ ご き と ちゅう い)

〈1回目の放送で注意すること〉
(かい め ほうそう ちゅう い)

●話題の中心となる 「7W1H」，とくに『who「だれが」，what「何を」した(する)のか』を意識して聞いてください。
(わ だい ちゅうしん なに い しき き)

●質問文をしっかり聞き取りましょう。
　→質問文は本文よりも短いので，集中して聞き取りやすいはずです。
　→とくに疑問詞と主語をしっかり聞き取れれば，2回目の放送でポイントを絞れます。

〈2回目の放送で注意すること〉
●1回目で聞き取った話題の中心と話の流れをベースに，落ち着いて聞きます。
●選択肢を眺めながら，質問文の答えとなる箇所を集中的に聞き取りましょう。

テクニック❸　数字を聞き取る練習をしよう！

　P.95「リスニング・会話の内容一致選択」のテクニック❹と同様に，数字に関する問題は「年齢」「時間」「値段」「数」「日付」などさまざまなパターンがあります。数字は fourteen（14）と forty（40）など日本人が聞き間違いやすいものが多く，またそうした数字が選択肢に並びがちなので，十分に練習してください。

テクニック❹　メモは最小限に！

　長めの文の聞き取りに関しては，メモの上手な取り方にも留意しましょう。

〈上手にメモを取るコツ〉
（例1：天気）
　「きのう－はれ，きょう－あめ」のように「簡単な対比」の形で情報を整理します。書くのに時間がかかる漢字はなるべく使わないのもコツです。
（例2：数字）
　こちらも「あかいくつ－20ドル，あおいくつ－40ドル」のように，簡単な対比を使って情報を整理するといいでしょう。

　ただし，メモに気を取られすぎて音声の聞き取りがおろそかになっては本末転倒です。聞くことを最優先し，メモはそれを補うために必要最小限にとどめることが大切です。

テーマ 1 What を使った疑問文

学習日	目標時間 1問 10秒	得点 6 合格点4点

英文と質問を聞き，その答えとして最も適切なものを 1，2，3，4 の中から一つ選びなさい。

No.1

🔊 TR 35　**1**. Grapefruits.　　　　**2**. Apples.
　　　　3. Peaches.　　　　　**4**. Oranges.

No.2

🔊 TR 36　**1**. Her favorite color.　　**2**. Her favorite season.
　　　　3. Her house.　　　　　**4**. Her trip.

No.3

🔊 TR 37　**1**. Help her mother.　　**2**. Take a test.
　　　　3. Visit her friend.　　**4**. Study at home.

No.4

🔊 TR 38　**1**. A book.　　　　　**2**. A CD.
　　　　3. A tie.　　　　　　**4**. A magazine.

No.5

🔊 TR 39　**1**. He ran in the park.　　**2**. He played video games.
　　　　3. He did his homework.　**4**. He wrote a letter.

No.6

🔊 TR 40　**1**. A bag.　　　　　**2**. A tent.
　　　　3. An umbrella.　　**4**. A hat.

Point

1回目の放送では，英文よりも短い「質問文」を確実に聞き取ろう。

2回目の放送では1回目で聞き取った質問文をもとに，英文中で答えに直結する箇所（Whatに当たる箇所）に意識を集中する。

解答と解説

No.1 ◀)) TR 35

正解 **1**

◀)) 放送文

　Becky likes eating fruit at breakfast. Apples are her favorite fruit. She ate grapefruits yesterday, and she had peaches today.
Question: What fruit did Becky eat yesterday?

◀)) 放送文 訳

　ベッキーは朝食に果物を食べるのが好きだ。リンゴは彼女の大好きな果物だ。彼女は昨日グレープフルーツを食べ，今日は桃を食べた。
質問：ベッキーは昨日どんな果物を食べましたか。

選択肢訳 ▶ 1. グレープフルーツ。　2. リンゴ。
3. 桃。　4. オレンジ。

解説 いろいろな果物の名前が出てくるが，整理すると，大好きなのはリンゴ，昨日食べたのがグレープフルーツ，今日食べたのが桃である。よって正解は選択肢**1**。大事なのは質問文で What fruit と yesterday をしっかり聞き取っておくこと。

No.2 ◀)) TR 36

正解 **2**

◀)) 放送文

　I like spring the best of all the seasons. I enjoy growing flowers and vegetables in my garden. I also like to go on a picnic.
Question: What is the woman talking about?

◀)) 放送文 訳

　私はすべての季節の中で春が一番好きだ。私は庭で花や野菜を育てるのを楽しむ。ピクニックに行くのも好きだ。

質問：女性は何について話していますか。

選択肢訳 ▶ 1. 彼女の大好きな色。　2. 彼女の大好きな季節。
3. 彼女の家。　4. 彼女の旅行。

解説 Point! で示したように，1回目の放送で質問文をしっかり聞き取れれば，選択肢を見ただけで「当たりをつける」ことができる。そのうえで2回目の放送を聞けば正答率は確実にUPする。ここでは最初の発言に「私は春が一番好きだ」とあり，その後の発言は春に関することである。正解は選択肢**2**。

Part **5** リスニング・文の内容一致選択

111

正解 **4**

🔊 放送文

I wanted to visit Yumi's house yesterday. But I had to study for a science test at home. The test finished this morning. I'll meet her in the afternoon.

Question: What did the boy have to do yesterday?

🔊 放送文 訳

昨日，私はユミの家を訪れたいと思っていた。しかし，理科のテストのために家で勉強しなければならなかった。そのテストは今朝終わった。午後，彼女に会うつもりだ。

質問：男の子は昨日何をしなければなりませんでしたか。

選択肢訳 ▶ 1. 母親を手伝う。　　2. テストを受ける。
3. 友だちを訪ねる。　4. 家で勉強する。

解説 これも1回目の放送で質問文 What did the girl have to do yesterday? の "have to do" を聞き取っておけば，2回目の放送で第2文の "had to study for a science test" をピンポイントで聞き取りやすくなる。「テストのために家で勉強しなければならなかった」とあるので，選択肢 **4** が正解になる。友だちを訪ねるのは今日の午後の予定である。

正解 **3**

🔊 放送文

Tatsuya's father's birthday is tomorrow. Tatsuya went to buy a present. His father has many books and CDs, and Tatsuya bought him a tie.

Question: What did Tatsuya buy for his father?

🔊 放送文 訳

タツヤの父親の誕生日は明日である。タツヤはプレゼントを買いに行った。父親はたくさんの本とCDを持っているので，タツヤは彼にネクタイを買った。

質問：タツヤは父親のために何を買いましたか。

選択肢訳 ▶ 1. 本。　　　　2. CD。
3. ネクタイ。　4. 雑誌。

解説 最後の発言からネクタイを買ったことがわかる。本やCDは父親がたくさん持っているものである。「ネクタイ」は "tie" とも "necktie" とも言うが "tie" が用いられるほうが多いことにも注意。

112

🔊)) 放送文

　It was a holiday yesterday.　Justin went running in the park in the morning. He went to his friend's house to play video games in the afternoon.　After dinner, he wrote a letter to his aunt.

Question: What did Justin do in the morning?

🔊)) 放送文 訳

　昨日は祝日だった。ジャスティンは午前中，公園にランニングに行った。午後はテレビゲームをするために友だちの家に行った。夕食後，彼はおばさんに手紙を書いた。

質問：ジャスティンは午前中に何をしましたか。

選択肢訳
1. 彼は公園を走った。
2. 彼はテレビゲームをした。
3. 彼は宿題をした。
4. 彼は手紙を書いた。

解説 質問文からとくに [What / Justin / morning] をしっかり聞き取っておくことが大切。「休日」が話題であること，休日の説明は通常「朝 → 昼 → 夜」の順番でされることも問題に慣れれば想像がつきやすくなる。2回目の放送では英文の「はじめのほう」に意識を集中し，[running / in the morning] を聞き取る。午前中にしたのはランニング。テレビゲームをしたのは午後。手紙を書いたのは夕食後。

🔊)) 放送文

　Sanae wants to go hiking.　She has a bag and other things, but she doesn't have a hat.　She is going to buy one next Sunday.

Question: What is Sanae going to buy?

🔊)) 放送文 訳

　サナエはハイキングに行きたい。彼女はかばんやほかのものは持っているが，帽子は持っていない。彼女は次の日曜日にそれを買うつもりだ。

質問：サナエは何を買いに行くつもりですか。

選択肢訳
1. かばん。
2. テント。
3. 傘。
4. 帽子。

解説 後半の発言に着目。帽子は持っていないので，今度の日曜日に買いに行く予定なのである。したがって正解は選択肢 **4**。**1** の「かばん」はすでに持っているもの。

テーマ **2**

リスニング・文の内容一致選択

数字や曜日に関する問題

学習日	目標時間 1問 **10**秒	得点 合格点 4点 ／6

英文と質問を聞き，その答えとして最も適切なものを 1，2，3，4 の中から一つ選びなさい。

No.1

🔊 TR 41　**1**. One.　　　　　　　　　　**2**. Two.

3. Three.　　　　　　　　**4**. Four.

No.2

🔊 TR 42　**1**. Every day in winter.　　　　**2**. Every Wednesday in winter.

3. Every Sunday in winter.　　**4**. Every Saturday in winter.

No.3

🔊 TR 43　**1**. Two hours.　　　　　　　**2**. Three hours.

3. Four hours.　　　　　　**4**. Six hours.

No.4

🔊 TR 44　**1**. At one.　　　　　　　　**2**. At three.

3. At four.　　　　　　　**4**. At seven.

No.5

🔊 TR 45　**1**. On Monday.　　　　　　**2**. On Tuesday.

3. On Wednesday.　　　　**4**. On Thursday.

No.6

🔊 TR 46　**1**. One.　　　　　　　　　**2**. Two.

3. Three.　　　　　　　　**4**. Four.

時刻や曜日など「日時に関する言葉」がある場合は，何か「出来事」が
あるということ。「いつ」「何が」に注意しよう。

具体的な数字（人数，個数，日数，時間の長さなど）を集中して聞き取る。

解答と解説

No.1 🔊 TR 41

正解 **3**

🔊 放送文

Shinji is in the handball team of his high school. On Sunday, the team had two games. Shinji got three goals. He was very happy.

Question: How many goals did Shinji get?

🔊 放送文 訳

シンジは高校のハンドボールチームに入っている。日曜日，チームは2試合行った。シンジは3点取った。彼はとてもうれしかった。

質問：シンジは何点取りましたか。

選択肢訳 ▶
1. 1点。
2. 2点。
3. 3点。
4. 4点。

解説 質問文 How many goals did Shinji get? で [How many goals / Shinji /get] が聞き取れれば，英文の "two games" に惑わされずにすむ。Shinji got three goals.「シンジは3点取った」と明確に発音されているので，容易に正解がわかる。

No.2 🔊 TR 42

正解 **3**

🔊 放送文

Susan loves sports. In summer, she swims every day. In winter, she sometimes goes skating on Wednesdays, and she goes skiing every Sunday.

Question: When does Susan go skiing?

🔊 放送文 訳

スーザンはスポーツが大好きだ。夏には彼女は毎日泳ぐ。冬にはときどき水曜日にスケートに行き，毎週日曜日にスキーに行く。

質問：スーザンはいつスキーに行きますか。

選択肢訳 ▶
1. 冬の毎日。
2. 冬の毎週水曜日。
3. 冬の毎週日曜日。
4. 冬の毎週土曜日。

解説 英文にはいろいろな曜日が出てきて紛らわしい。1回目では質問文 When does Susan go skiing? の聞き取りに集中し，[When /Susan /skiing] のポイントをつかめば，2回目の放送で "she goes skiing every Sunday" が聞き取りやすくなる。曜日を整理すると，泳ぐのは夏の毎日，スケートに行くのは冬の水曜日，スキーに行くのは冬の毎週日曜日である。よって正解は選択肢 3。

No.3 🔊 TR 43

正解 **4**

🔊 放送文

Today's tour was six hours long. First, we stayed at the zoo for three hours. Then we went to the museum and stayed there for two hours.
Question: How long was today's tour?

🔊 放送文 訳

今日の小旅行は 6 時間だった。最初に 3 時間動物園に滞在した。それから美術館に行き，そこに 2 時間滞在した。

質問：今日の小旅行は何時間でしたか。

選択肢訳
1. 2 時間。
2. 3 時間。
3. 4 時間。
4. 6 時間。

解説 質問文の [How long / today's tour] を聞き取ることが正解を確実につかむポイント。最初の発言で Today's tour was six hours long. 「今日の小旅行は 6 時間」と言っているが，1 回目の放送ではこの冒頭の部分を忘れやすい。やはり，「1 回目で質問文をしっかり聞き取り，2 回目で本文の該当箇所に集中する」解き方が有効。3 時間は動物園での滞在時間，2 時間は美術館での滞在時間である。

No.4 🔊 TR 44

正解 **3**

🔊 放送文

I have a violin lesson at one today. At four, I'll meet my grandmother. Then, at seven, I'll go home and have dinner.
Question: What time will the girl meet her grandmother?

🔊 放送文 訳

私は今日 1 時にバイオリンのレッスンがある。4 時におばあさんと会う。それから，7 時に家に戻って夕食を食べる。

質問：女の子は何時におばあさんと会いますか。

選択肢訳
1. 1 時。
2. 3 時。
3. 4 時。
4. 7 時。

解説 Point! の通り，「いつ（時刻）」と「何が（出来事）」の関係に注意することが重要。2 つ目の発言に At four, I'll meet my grandmother. 「4 時におばあさんと会う」とあるので，正解は選択肢 **3**。1 時はバイオリンのレッスンがある時間。7 時は家に帰り夕食を食べる時間である。

🔊)) 放送文

I bought a book on Monday. I wanted to read it on Tuesday. But I was busy, so I read it on Wednesday.

Question: When did the boy read the book?

🔊)) 放送文 訳

ぼくは月曜日に本を買った。火曜日にその本を読みたかった。けれども忙しかったので、水曜日に読んだ。

質問：男の子はいつ本を読みましたか。

選択肢訳 ▶ 1. 月曜日に。　2. 火曜日に。
3. 水曜日に。　4. 木曜日に。

解説 No.4 と同様に「いつ」「何が（を）」に注意。男の子が本を買ったのは月曜日だが、火曜日には忙しくて読めず、読んだのは水曜日 (I read it on Wednesday.)。最後の発言でわかる。

🔊)) 放送文

I forgot to bring my eraser to school. I had only two pencils and a pen. I used my friend's eraser.

Question: How many pencils did the girl have?

🔊)) 放送文 訳

私は自分の消しゴムを学校に持ってくるのを忘れた。2本の鉛筆と1本のペンしかなかった。私は友だちの消しゴムを使った。

質問：女の子は何本の鉛筆を持っていましたか。

選択肢訳 ▶ 1. 1本。　2. 2本。
3. 3本。　4. 4本。

解説 これも Point! の通り、「個数」が問われるパターンの問題。〈How many + 複数名詞～ ?〉は数をたずねる言い方。女の子は消しゴムを持っていくのを忘れたが、鉛筆2本とペン1本を持っている。鉛筆の数を聞かれているので、選択肢2が正解。

リスニング・文の内容一致選択

さまざまな疑問詞を用いた問題

学習日	目標時間 1問 **10**秒	得点 合格点 3点 /4

英文と質問を聞き，その答えとして最も適切なものを 1, 2, 3, 4 の中から一つ選びなさい。

No.1

🔊 TR 47　**1**. Rainy.　　　　　　　　　**2**. Sunny.
　　　　　　3. Cloudy.　　　　　　　**4**. Windy.

No.2

🔊 TR 48　**1**. A cat.　　　　　　　　　**2**. A dog.
　　　　　　3. A rabbit.　　　　　　　**4**. A turtle.

No.3

🔊 TR 49　**1**. On weekends.　　　　　　**2**. Every day.
　　　　　　3. On Monday.　　　　　　**4**. Once a month.

No.4

🔊 TR 50　**1**. On a train.　　　　　　　**2**. At a stadium.
　　　　　　3. At a museum.　　　　　　**4**. At a restaurant.

Point 英文の流れや情報(「いつ」「どこで」「だれが」「何を」など)に注意する。

質問文の「疑問詞」「主語」「述語」をしっかり聞き取り,それに一致する「情報」に集中しよう!

解答と解説

No.1 🔊 TR 47

正解 **1**

🔊 放送文

In my town, it usually does not rain much in June. But this June, it rained a lot. We didn't have many sunny days.

Question: How was the weather this June?

🔊 放送文 訳

私の町では,たいてい6月にあまり雨が降らない。しかし今年の6月は,たくさん雨が降った。晴れた日はあまりなかった。

質問: 今年の6月の天気はどうでしたか。

選択肢訳 1. 雨(の日が多かった)。 2. 晴れ(の日が多かった)。
3. くもり(の日が多かった)。 4. 強風(の日が多かった)。

解説 最初の発言には「6月にはたいていあまり雨が降らない」とあるが,第2文の今年の話で,「たくさん雨が降った」とある。よって正解は選択肢 **1**。

No.2 🔊 TR 48

正解 **3**

🔊 放送文

Yesterday, Yuko went to a pet shop. She looked at some cats and dogs. She liked a rabbit, so she got one.

Question: Which pet did Yuko get?

🔊 放送文 訳

昨日ユウコはペットショップに行った。彼女は何びきかの猫と犬を見た。彼女はウサギが気に入ったので,ウサギを手に入れた。

質問: ユウコはどのペットを手に入れたのですか。

選択肢訳 1. 猫。 2. 犬。
3. ウサギ。 4. カメ。

解説 最後の発言に注目。ウサギが気に入ったのでウサギを手に入れたのである。one が指す単語は a rabbit。よって正解は選択肢 **3**。

正解 **1**

(🔊)) 放送文

Frank likes sports, and he goes to the pool every day. On weekends, he plays baseball with his friends. Once a month, he goes to the mountain.

Question: How often does Frank play baseball?

(🔊)) 放送文 訳

フランクはスポーツが好きで、毎日プールに通っている。毎週末には友だちといっしょに野球をする。月に１回、山に行く。

質問：フランクはどのくらいの頻度で野球をしますか。

選択肢訳
1. 毎週末。
2. 毎日。
3. 月曜日。
4. 月１回。

解説 How often 〜 ? は頻度をたずねる表現。英文では大別して３つのことが言われている。「毎日プールに行く」「毎週末に野球をする」「月に１回、山に行く」。質問文は How often does Frank play baseball? で [How often / play baseball] が聞き取れれば、本文の "On weekends, he plays baseball..." が解答に関わる箇所、つまり「毎週末に野球をする」ことがわかる。

正解 **1**

(🔊)) 放送文

Thank you for using the Central Line. The next stop is Barber Street. Please get off here for the art museum. The last stop is National Stadium.

Question: Where is the man talking?

(🔊)) 放送文 訳

セントラル線をご利用いただきありがとうございます。次の停車駅はバーバー・ストリートです。美術館へはここでお降りください。終点はナショナル・スタジアムです。

質問：その男性はどこで話していますか。

選択肢訳
1. 電車で。
2. スタジアムで。
3. 美術館で。
4. レストランで。

解説 質問文の [Where / talking] に注意する。英文の〜 Line「〜線」、stop「乗り物の停車駅」、get off「降りる」などがヒントになり、電車のアナウンスだとわかる。したがって正解は選択肢 **1**。

第2章
だい　　　しょう

模擬試験
も　ぎ　し　けん

※問題形式などは変わる場合があります。

学習日	解答時間	正解数
/	35分	問 35問中

1 次の (1) から (15) までの ( ) に入れるのに最も適切なものを 1, 2, 3, 4 の中から一つ選びなさい。

・・・・・・・・・・・・・・・・・・・・・・・・・・・・・・・・・・・・

(1) A : Why did you get up so ( ), Tommy?
　　B : Because I was very tired.　I practiced baseball hard for the next game yesterday.
　　1 late　　　　**2** quietly　　　　**3** slowly　　　　**4** well

(2) Mr. Mochida teaches ( ) English.
　　1 we　　　　**2** our　　　　**3** us　　　　**4** ours

(3) A : Excuse me.　( ) far is it from here to the post office?
　　B : It's a five-minute walk.
　　1 What　　　　**2** Where　　　　**3** Why　　　　**4** How

(4) Rio went to the bookstore ( ) a magazine.
　　1 get　　　　**2** gets　　　　**3** to get　　　　**4** got

(5) A : When will your uncle come back to Japan from San Francisco?
　　B : ( ) month.
　　1 Next　　　　**2** Half　　　　**3** Last　　　　**4** Future

(6) A : Here is a ( ) for you, Julia.
　　B : Thank you very much!　What is it?
　　1 post office　　**2** wall　　　　**3** gift　　　　**4** holiday

(7) My father is a ( ).　He grows vegetables such as tomatoes and onions.
　　1 farmer　　　　**2** painter　　　　**3** doctor　　　　**4** driver

(8) I have to clean my room tonight, so I want to ( ) my homework before dinner.

1 finish   **2** take   **3** open   **4** get

(9) **A :** Takeshi, can you water the garden?

B : ( ). No problem.

1 Me, too   **2** Too bad   **3** No, let's not   **4** Sure

(10) Victoria would like to be a ( ) of the dance club.

1 member   **2** friend   **3** help   **4** uniform

(11) **A :** It's too hot. ( ) I open the window?

B : Yes, please.

1 Shall   **2** Does   **3** Should   **4** Will

(12) Rika swam ( ) the first time this year.

1 from   **2** to   **3** for   **4** with

(13) **A :** How's your new cell phone, Yuta?

B : It's ( ) better than the old one.

1 much   **2** such   **3** very   **4** good

(14) **A :** What are you ( ), Mom?

B : Tomato spaghetti.

1 cook   **2** cooks   **3** cooked   **4** cooking

(15) I am going to the school ( ) to play basketball with my friends.

1 bank   **2** gym   **3** hair salon   **4** library

次の (16) から (20) までの会話について，（　　）に入れるのに最も適切なものを 1，2，3，4 の中から一つ選びなさい。

・・・

(16) **Boy** : Shall we go to the park, Dad?
　　 Father : No, let's not. (　　)
　　 1 It is going to rain soon.　　**2** Have fun.
　　 3 Don't be noisy.　　**4** When is it?

(17) **Boy** : Why didn't you come to the party yesterday?
　　 Girl : (　　) but I am all right now.
　　 1 I was very tired,　　**2** Too bad,
　　 3 My train was late,　　**4** I didn't like it,

(18) **Woman** : I went to Hokkaido last week.
　　 Man : That's nice. (　　)
　　 Woman : By plane.
　　 1 Where did you go?　　**2** What did you do there?
　　 3 Who went there?　　**4** How did you go there?

(19) **Son** : I want to eat ice cream, Mom.
　　 Mother : Not now. (　　)
　　 1 What ice cream do you want?　　**2** You can eat after dinner.
　　 3 Chocolate ice cream is good.　　**4** I want it, too.

(20) **Girl 1** : I bought this CD yesterday. (　　)
　　 Girl 2 : Yes. Thank you.
　　 1 Where did you buy it?　　**2** Do you want to listen to it?
　　 3 Don't watch it.　　**4** What do you need?

3 次の (21) から (25) までの日本文の意味を表すように①から⑤までを並べかえて ☐ の中に入れなさい。そして，２番目と４番目にくるものの最も適切な組み合わせを 1，2，3，4 の中から一つ選びなさい。※ただし，（　）の中では，文のはじめにくる語も小文字になっています。

・・・・・・・・・・・・・・・・・・・・・・・・・・・・・・・・・・

(21) おばあちゃん，おいしいプリンをどうもありがとうございます。
（① the good　② very　③ much　④ for　⑤ you）

2番目　　**4番目**

Thank ☐ ☐ ☐ ☐ ☐ pudding, Grandma.

1 ②－③　　**2** ①－④　　**3** ②－④　　**4** ④－③

(22) コーヒーをもう少しいかがですか。
（① some　② would　③ more coffee　④ like　⑤ you）

2番目　　**4番目**

☐ ☐ ☐ ☐ ☐ ?

1 ⑤－①　　**2** ⑤－④　　**3** ②－⑤　　**4** ②－③

(23) マッカートニー先生は，私に大好きな本についてたずねました。
（① asked　② about　③ me　④ my　⑤ Mr. McCartney）

2番目　　**4番目**

☐ ☐ ☐ ☐ favorite book.

1 ③－⑤　　**2** ③－②　　**3** ②－⑤　　**4** ①－②

(24) アマンダはいつアメリカに帰る予定ですか。
（① Amanda　② is　③ return to　④ going to　⑤ when）

2番目　　**4番目**

☐ ☐ ☐ ☐ America?

1 ①－⑤　　**2** ①－④　　**3** ②－④　　**4** ②－③

(25) あなたのクラスで，走るのが一番速い人はだれですか。
（① the fastest　② runs　③ your　④ in　⑤ who）

2番目　　**4番目**

☐ ☐ ☐ ☐ class?

1 ②－④　　**2** ①－④　　**3** ②－⑤　　**4** ④－③

[A] 次の掲示の内容に関して，(26) と (27) の質問に対する答えとして最も適切なものを 1，2，3，4 の中から一つ選びなさい。

Monkey Shows
at Bay Water Zoo

Watch Tommy and Anny!
These monkeys can dance and sing well!

Where : Monkey Park
When : Every day at 10 a.m. / 1 p.m. / 4 p.m.

You can take a picture with the monkeys after the show.
Don't give food to the monkeys.

(26) How many shows are there every day?
   1 One.
   2 Two.
   3 Three.
   4 Four.

(27) What can you do after the show?
   1 Dance with the monkeys.
   2 Take a photograph with the monkeys.
   3 Give food to the monkeys.
   4 Get a free T-shirt.

4 **[B]** 次のＥメールの内容に関して，(28) から (30) までの質問に対する答えとして最も適切なものを 1，2，3，4 の中から一つ選びなさい。

• •

From: Betty Adams
To: Kris Adams
Date: August 20 19:55
Subject: Thank you

Dear Aunt Kris,
Thank you for inviting me to your house last weekend. I really enjoyed staying in your beautiful house near mountains. The air was fresh! I swam in the river for the first time. It was much fun. We had a barbecue at night. You were a very good cook. I liked your "Kris special" very much. Please tell me how to cook it.
Take care,
Betty

From: Kris Adams
To: Betty Adams
Date: August 22 11:13
Subject: You are welcome

Hi, Betty
Thank you for your e-mail. You looked happy after swimming. I was really glad to see your happy smile then. "Kris special" is not so difficult. I use a special herb.* The herb grows in our garden.   Next time, I'll give you the herb.   You can visit our house any time.
See you soon,
Aunt Kris

*herb: ハーブ

(28) Where did Betty swim last weekend?

    1 In the pool.

    2 In the river.

    3 In the sea.

    4 She didn't swim then.

(29) How was "Kris special" for Betty?

    1 Bad.

    2 Interesting.

    3 Useful.

    4 Delicious.

(30) What is necessary to make "Kris special"?

    1 A herb.

    2 Sugar.

    3 Pepper.

    4 Oil.

4 [C] 次の英文の内容に関して，(31) から (35) までの質問に対する答えとして最も適切なもの，または文を完成させるのに最も適切なものを 1，2，3，4 の中から一つ選びなさい。

Yoko's favorite sports

Yoko is thirteen years old. She likes sports. She is good at many kinds of sports. She plays basketball well, swims fast and dances well.

One day, she visited her uncle with her family. In the living room of her uncle's house, there were a lot of trophies. She asked him, "Why are there so many trophies?" He said, "I am a soccer coach. These trophies were won by my team. Are you interested in soccer, Yoko?" "Of course, yes!" she answered.

On the next Sunday, Yoko joined her uncle's team. There were about twenty boys in the team. Yoko was the only girl in it. But she played better than most of the boys. Her uncle was very surprised and said, "You are very good at soccer!" Yoko was very happy.

Now, she practices playing soccer in the team on weekends. She is going to play at the tournament next month. Yoko likes soccer the best of all sports.

(31) Yoko is good at
    1 basketball, swimming, and dancing.
    2 baseball, tennis, and badminton.
    3 volleyball, swimming, and dancing.
    4 badminton, table tennis, and running.

(32) Who won the trophies in the living room of her uncle's house?
    1 Her uncle did.
    2 Her father did.
    3 Yoko did.
    4 Her uncle's soccer team did.

(33) How many girls were there in the soccer team before Yoko joined?
    1 Zero.
    2 One.
    3 Two.
    4 About twenty.

(34) How often does Yoko play soccer now?
    1 Yesterday.
    2 Every weekend.
    3 Twice a month.
    4 Next month.

(35) What sport does Yoko like best?
    1 Tennis.
    2 Dancing.
    3 Soccer.
    4 Basketball.

4級模擬試験　リスニング

きゅうもぎしけん

🔊 TR 51 〜 TR 83

※問題形式などは変わる場合があります。

学習日	解答時間	正解数
／	**30**分	問 30問中

①このテストには，第1部から第3部まであります。
　★英文は二度放送されます。
　第1部：イラストを参考にしながら対話と応答を聞き，最も適切な応答を1，2，3の中から一つ選びなさい。
　第2部：対話と質問を聞き，その答えとして最も適切なものを1，2，3，4の中から一つ選びなさい。
　第3部：英文と質問を聞き，その答えとして最も適切なものを1，2，3，4の中から一つ選びなさい。
②No. 30のあと，10秒すると試験終了の合図がありますので，筆記用具を置いてください。

第1部

🔊 TR 51 〜 61

No.1 🔊 TR 52

No.2 🔊 TR 53

No.3 🔊 TR 54

No.4 🔊 TR 55

No.11 ◀)) TR 63

1 By bus.　　　　　　　　　**2** By taxi.
3 By train.　　　　　　　　 **4** On foot.

No.12 ◀)) TR 64

1 Amy's.　　　　　　　　　 **2** Cindy's.
3 Mr. Bush's.　　　　　　　 **4** Joe's.

No.13 ◀)) TR 65

1 Michael.　　　　　　　　 **2** Becky.
3 Michael's brother.　　　　 **4** Becky's sister.

No.14 ◀)) TR 66

1 On Saturday.　　　　　　 **2** On Wednesday.
3 On Thursday.　　　　　　 **4** On Tuesday.

No.15 ◀)) TR 67

1 At Tokyo Station.　　　　 **2** At the airport.
3 At home.　　　　　　　　 **4** At Sky Tower.

No.16 ◀)) TR 68

1 He went to the science museum.
2 He watched a soccer game.
3 He watched a baseball game.
4 He helped his father.

No.17 ◀)) TR 69

1 $20.　　　　　　　　　　 **2** $30.
3 $40.　　　　　　　　　　 **4** $50.

1 On July 4th.　　　　　　**2** On July 25th.
3 On August 4th.　　　　　**4** On August 25th.

1 He was studying.
2 He was collecting baseball cards.
3 He was tired.
4 He doesn't like baseball very much.

1 At a bank.　　　　　　**2** At a post office.
3 At an airport.　　　　　**4** At an art museum.

第3部　　　　　　(◀)) TR 73 〜 83

1 He is tired.　　　　　　　**2** He cleans his room.
3 He has a volleyball practice.　**4** He has no piano practice.

1 Three years ago.　　　　**2** Two years ago.
3 Last year.　　　　　　　**4** This year.

1 To visit Akihabara.
2 To study Japanese.
3 To experience old Japanese culture.
4 To buy a computer.

No.24 ◀)) TR 77

   1 Tomorrow morning.   **2** Tomorrow afternoon.
   3 This morning.   **4** This afternoon.

No.25 ◀)) TR 78

   1 For thirty minutes.   **2** For an hour.
   3 For one and a half hours.   **4** For three hours.

No.26 ◀)) TR 79

   1 Walk around London.   **2** Take a bus tour.
   3 Drink tea.   **4** Stay at a hotel.

No.27 ◀)) TR 80

   1 Sally's sister does.   **2** Sally's brother does.
   3 Sally's mother does.   **4** Sally's father does.

No.28 ◀)) TR 81

   1 At a restaurant.   **2** At a church.
   3 At a supermarket.   **4** At a station.

No.29 ◀)) TR 82

   1 David can.   **2** David's sister can.
   3 David's mother can.   **4** David's father can.

No.30 ◀)) TR 83

   1 The kitchen.   **2** His room.
   3 Satoko's room.   **4** The toilet.

筆　記

1

問題	(1)	(2)	(3)	(4)	(5)	(6)	(7)	(8)
解答	1	3	4	3	1	3	1	1

問題	(9)	(10)	(11)	(12)	(13)	(14)	(15)	小計
解答	4	1	1	3	1	4	2	／15

2

問題	(16)	(17)	(18)	(19)	(20)	小計
解答	1	1	4	2	2	／5

3

問題	(21)	(22)	(23)	(24)	(25)	小計
解答	3	1	4	3	1	／5

4

問題	(26)	(27)	(28)	(29)	(30)	(31)	(32)	(33)	(34)	(35)	小計
解答	3	2	2	4	1	1	4	1	2	3	／10

リスニング

第1部

問題	1	2	3	4	5	6	7	8	9	10	小計
解答	2	1	2	1	3	2	3	1	3	1	／10

第2部

問題	11	12	13	14	15	16	17	18	19	20	小計
解答	2	2	3	4	1	2	4	3	4	2	／10

第3部

問題	21	22	23	24	25	26	27	28	29	30	小計
解答	3	3	1	4	2	2	4	3	4	1	／10

合計
／65

1 （問題編 P.122～123）

(1) 正解 1

訳 A：なぜそんなに遅く起きたの，トミー？
B：とても疲れてたんだ。昨日，次の試合のために野球を猛練習したんだ。

解説 副詞を問う問題。get up「起きる」とつなげるのにふさわしい副詞を選ぶ。late は「遅く」という意味の副詞。「遅い」という形容詞も同じ形。
1. late「遅く」 2. quietly「静かに」 3. slowly「ゆっくりと」 4. well「よく」。

(2) 正解 3

訳 モチダ先生は私たちに英語を教えています。

解説 代名詞選択の問題。動詞 teaches の後ろに(　　)があることに注目。teach は目的語を２つ取るので，(　　)には目的格の us を入れる。1. we「私たちは[が]」 2. our「私たちの」 3. us「私たちを[に]」 4. ours「私たちのもの」。

(3) 正解 4

訳 A：すみません。ここから郵便局までどのくらい距離がありますか。
B：歩いて５分です。

解説 疑問詞を問う問題。How far ～？で距離を問う。
1. what「何」 2. where「どこ」 3. why「なぜ」 4. how「どのくらい」。

(4) 正解 3

訳 リオは雑誌を手に入れるために本屋に行った。

解説 不定詞の問題。「～するために」という「目的」を表す副詞的用法。1. get「手に入れる」の原形 2. gets：３人称単数現在形 3. to get：不定詞 4. got：過去形。

(5) 正解 1

訳 A：あなたのおじさんはいつサンフランシスコから日本に戻りますか。
B：来月です。

解説 「時」を問う問題。When will ～？と未来のことについてたずねているので，答えは Next month.「来月」しか該当しない。
1. next「次の」 2. half「半分の」 3. last「最後の」 4. future「将来の」。

(6) 正解 3

訳 A：これ，きみへのプレゼントだよ，ジュリア。
B：どうもありがとう！　何かしら？

解説▶名詞を選択する問題。Here is ～は「ここに～があります」。for you「あなたへのもの」，Bがお礼を言っていることから，gift「贈り物」が正解。
1. post office「郵便局」　2. wall「壁」　3. gift「贈り物」　4. holiday「祝日，休日」。

（7）　正解　1

訳　私の父は農場主です。彼はトマトや玉ねぎなどの野菜を栽培しています。
解説▶職業を問う問題。野菜，トマト，玉ねぎなどの単語がヒントになる。
1. farmer「農場主」　2. painter「画家」　3. doctor「医者」　4. driver「運転手」。

（8）　正解　1

訳　私は今夜自分の部屋を掃除しないといけないので，夕食前に宿題を終わらせたい。
解説▶動詞を選択する問題。homework とセットで使える語は finish のみ。
1. finish「終える」　2. take「取る」　3. open「開ける」　4. get「手に入れる」。

（9）　正解　4

訳　A：タケシ，庭に水をまいてくれる？
　　　B：いいよ。問題ないよ。
解説▶Can you ～?「～してくれませんか」は依頼の表現。肯定の場合の Sure.「いいですよ」はよくある答え方。　1. Me, too「私も」　2. Too bad「残念です」　3. No, let's not「いや，よしましょう」　4. Sure「いいですよ」。

（10）　正解　1

訳　ビクトリアはそのダンスクラブのメンバーになりたいと思っています。
解説▶名詞を選ぶ問題。「ダンスクラブの～になりたい」で「～」に適切な語はメンバー。would like to ～で「～したい」という意味。
1. member「メンバー，一員」　2. friend「友だち」　3. help「助け」　4. uniform「制服」。

（11）　正解　1

訳　A：暑すぎる。窓を開けましょうか。
　　　B：はい，お願いします。
解説▶助動詞の問題。〈Shall I ～?〉で「～しましょうか」の意味。「提案」を表す。

（12）　正解　3

訳　リカは今年に入って初めて泳ぎました。
解説▶前置詞を含む熟語を問う問題。for the first time で「初めて」という意味。
1. from「～から」　2. to「～に」　3. for「～のために」　4. with「～といっしょに」。

(13) 　正解　1 ……………………………………………………

訳　A：新しい携帯電話はどう，ユウタ？

　　B：古いのよりもずっといいよ。

解説　副詞の問題。選択肢の中で比較級を修飾できるのは **1**. much のみ。

1. much「ずっと」　**2**. such「そのような」　**3**. very「とても」　**4**. good「よい」。

(14) 　正解　4 ……………………………………………………

訳　A：何を作ってるの，お母さん？

　　B：トマト・スパゲティよ。

解説　動詞の形を問う問題。are you に続くのは -ing 形。〈be 動詞＋～ ing〉で「～しているところだ」という意味を表す進行形になる。**1**. cook「料理する」の原形

2. cooks：3 人称単数現在形　**3**. cooked：過去形　**4**. cooking：-ing 形。

(15) 　正解　2 ……………………………………………………

訳　ぼくは友だちとバスケットボールをするために，学校の体育館に行くところです。

解説　名詞の問題。basketball「バスケットボール」ができるのは gym「体育館」。

1. bank「銀行」　**2**. gym「体育館」　**3**. hair salon「美容院」　**4**. library「図書館」。

2 （問題編 P.124）

(16) 　正解　1 ……………………………………………………

訳　男の子：公園に行かない，お父さん？

　　父：いや，やめておこう。すぐに雨が降りそうだ。

解説　「公園に行かない？」という勧誘に対して，No let's not.「いや，やめておこう」と答えているので，その理由が続くと考える。選択肢 **1** の「すぐに雨が降りそうだ」が最適。

1.「すぐに雨が降りそうだ」　**2**.「楽しんで」　**3**.「うるさくするな」　**4**.「それはいつ？」。

(17) 　正解　1 ……………………………………………………

訳　男の子：なぜ昨日のパーティーに来なかったの？

　　女の子：とても疲れていたの，でも今は大丈夫よ。

解説　「でも今は大丈夫よ」を見れば体調が原因だったことがわかる。**1**.「私はとても疲れていた」　**2**.「残念だ」　**3**.「列車が遅れた」　**4**.「それが好きではなかった」。

(18) 正解 4

訳 **女性**：先週，北海道へ行ったの。
男性：それはいいね。どうやって行ったの？
女性：飛行機で。

解説 女性が「飛行機で」と答えているので，正解は How did you go there?「どのようにしてそこに行きましたか」と交通手段をたずねる表現。

1.「あなたはどこに行きましたか」 2.「そこで何をしましたか」 3.「だれがそこに行きましたか」 4.「どのようにしてそこに行きましたか」。

(19) 正解 2

訳 **息子**：アイスクリームが食べたい，お母さん。
母：今はだめ。夕食後なら食べてもいいわよ。

解説 アイスクリームを食べたいという息子に対して「今はだめ」と答えているので，あとにはその理由がくると考える。「夕食後なら食べてもいいわよ」が最適。

1.「どんなアイスクリームがほしいですか」 2.「夕食後に食べてもよい」 3.「チョコレートアイスクリームがよい[おいしい]」 4.「私もそれがほしい」。

(20) 正解 2

訳 **女の子1**：昨日この CD を買ったの。聞きたい？
女の子2：うん。ありがとう。

解説 （　　）のあとで Yes. と答えているので，質問は疑問詞のない疑問文と考える。選択肢3は否定の命令文で「見ないでください」。文脈にも合わない。正解は選択肢2。

1.「それをどこで買いましたか」 2.「それを聞きたいですか」 3.「それを見ないでください」 4.「何が必要ですか」。

3 （問題編 P.125）

(21) 正解 3

解説 「どうもありがとうございます」は Thank you very much。「～をありがとう」は Thank you for ～で，前置詞は for を使う。あとは the good を pudding の前に置く。

完成文 Thank you very much for the good pudding, Grandma.
⑤ ② ③ ④ ①

(22) 正解 1

解説 「～はいかがですか」は Would you like ～？で表す。「もう少しのコーヒー」は some more coffee の語順になる。

完成文 Would you like some more coffee?
② ⑤ ④ ① ③

140

(23) 　正解　**4**

解説 〈ask ＋ 人 ＋ about ～〉で「人に～についてたずねる」。my favorite book で「私の大好きな本」となる。

完成文 Mr. McCartney asked me about my favorite book.
　　　　　　⑤　　　　　①　③　②　④

(24) 　正解　**3**

解説 be going to ～「～するつもりだ」を軸に考える。疑問詞の when を使った疑問文の形となり〈When ＋ is ＋ 主語 ＋ going to ～〉。return to ～で「～へ帰る」。

完成文 When is Amanda going to return to America?
　　　　　⑤　②　　①　　　④　　　③

(25) 　正解　**1**

解説 疑問詞 Who が主語。あとは動詞 runs, 最上級 the fastest と続ける。

完成文 Who runs the fastest in your class?
　　　　　⑤　②　　①　　　④　　③

4A （問題編 p.126）

訳

ベイ・ウォーター動物園
モンキーショー

トミーとアニーを見よう！
このサルたちは上手に踊ったり，歌ったりすることができます！

場所：モンキーパーク
日時：毎日午前10時，午後1時，午後4時

ショーのあとでサルと写真を撮ることができます。
サルにえさを与えないでください。

---

(26) 　正解　**3**

訳 毎日，何回ショーがありますか。

選択肢訳 1. 1回。　2. 2回。　3. 3回。　4. 4回。

解説 When の行に注目。ショーは午前10時，午後1時，午後4時の3回。

(27) **正解** 2 . . . .

訳 ショーのあとで何ができますか。

選択肢訳
1. サルと踊る。　　　　　　　2. サルと写真を撮る。
3. サルにえさを与える。　　　4. 無料のTシャツが手に入る。

解説 下から2行目に「ショーのあとで写真を撮ることができる」とあるので，選択肢2が正解。最終行から，サルにえさを与えるのは禁止されていることがわかる。

4B （問題編 P.127 ～ 128）

訳

送信者：ベティ・アダムズ
受信者：クリス・アダムズ
送信日：8月20日　19時55分
件名：ありがとう

- -

親愛なるクリスおばさん。
先週末，私を家に招いてくれてありがとう。山の近くにある美しい家での滞在は本当に楽しかったわ。空気が新鮮だった！　川で泳いだのは初めてだったの。とても楽しかったわ。夜はバーベキューをしたわね。おばさんは料理がとても上手よ。「クリス・スペシャル」はとてもおいしかったわ。作り方を教えてね。
お元気で。
ベティ

送信者：クリス・アダムズ
受信者：ベティ・アダムズ
送信日：8月22日　11時13分
件名：どういたしまして

- -

こんにちは，ベティ。
Eメールありがとう。泳ぎ終わったあと，楽しそうだったわよ。あのときは，あなたの楽しそうな笑顔が見られてうれしかったわ。「クリス・スペシャル」はそんなに難しくないわ。特別なハーブを使うの。うちの庭で育てているのよ。今度そのハーブをあげるわ。いつでもうちを訪れてね。
またすぐに会いましょう。
クリスおばさん

(28) 正解 2

訳 ベティは先週末どこで泳ぎましたか。

選択肢訳 1. プールで。　2. 川で。　3. 海で。　4. 彼女は泳がなかった。

解説 ベティからのメールの4行目に I swam in the river ～ . の記述があるので選択肢2が正解。

(29) 正解 4

訳 ベティにとって「クリス・スペシャル」はどうでしたか。

選択肢訳 1. まずかった。　2. おもしろかった。　3. 役に立った。　4. おいしかった。

解説 まずクリス・スペシャルとは何か，をEメールから探す。ベティのメール本文の後半に "Kris special" とあり，その後の Please tell me how to cook it. からクリス・スペシャルは料理であることがわかる。また，それについて I liked ～ と言っているので料理はおいしかったと考えられる。したがって正解は選択肢4。

(30) 正解 1

訳 「クリス・スペシャル」を作るには何が必要ですか。

選択肢訳 1. ハーブ。　2. 砂糖。　3. こしょう。　4. 油。

解説 クリスからのメールの4行目に，クリス・スペシャルには庭で育てている特別なハーブを使うとある。よって選択肢1が正解。

4C （問題編 P.129 ～ 130）

訳

ヨウコの好きなスポーツ

　ヨウコは13歳です。彼女はスポーツが好きです。彼女は多くの種類のスポーツが得意です。彼女はバスケットボール，水泳，ダンスが上手です。

　先日，彼女は家族といっしょにおじさんを訪ねました。おじさんの家の居間にはたくさんのトロフィーがありました。彼女は彼に「どうしてこんなにたくさんトロフィーがあるの」と聞きました。彼は「私はサッカーのコーチをしてるんだ。これらのトロフィーは私のチームが勝ち取ったんだよ。きみはサッカーに興味があるかい，ヨウコ」と言いました。ヨウコは「もちろんあるわ！」と答えました。

　その次の日曜日，ヨウコはおじさんのチームに参加しました。そのチームには男の子が20人ほどいました。ヨウコはその中ではただ1人の女の子でした。しかし，彼女はほとんどの男の子たちよりもサッカーが上手でした。彼女のおじさんはとても驚いて「きみはとてもサッカーがうまいね！」と言いました。ヨウコはとてもうれしい気分でした。

今，彼女は毎週末にそのチームでサッカーの練習をしています。彼女は来月のトーナメントでプレーする予定です。ヨウコはすべてのスポーツの中でサッカーが一番好きです。

---

(31) 正解 1 ....

訳 ヨウコは……が得意です。

選択肢訳 1. バスケットボール，水泳，ダンス。 2. 野球，テニス，バドミントン。
3. バレーボール，水泳，ダンス。 4. バドミントン，卓球，ランニング。

解説 本文2行目に彼女の得意なスポーツが列挙されている。バスケットボール，水泳，ダンスである。したがって正解は選択肢 **1**。

(32) 正解 4 ....

訳 おじさんの家の居間にあるトロフィーはだれが勝ち取ったのですか。

選択肢訳 1. 彼女のおじさん。 2. 彼女のお父さん。
3. ヨウコ。 4. おじさんのサッカーチーム。

解説 第2段落第4文の her uncle のせりふに "These trophies were won by my team." とある。

(33) 正解 1 ....

訳 ヨウコが入る前はそのチームに女の子は何人いましたか。

選択肢訳 1. 0人。 2. 1人。 3. 2人。 4. 約20人。

解説 第3段落第3文に "Yoko was the only girl in it." とあるので，ヨウコが入る前は女の子は1人もいなかった，と考える。

(34) 正解 2 ....

訳 ヨウコは今，どのくらいの頻度でサッカーをしていますか。

選択肢訳 1. 昨日。 2. 毎週末。 3. 月に2回。 4. 来月。

解説 最終段落第1文に "Now, she practices playing soccer in the team on weekends." とある。on weekends = every weekend なので正解は **2**。

(35) 正解 3 ....

訳 ヨウコが一番好きなスポーツは何ですか。

選択肢訳 1. テニス。 2. ダンス。 3. サッカー。 4. バスケットボール。

解説 最終文にサッカーが一番好きとあるので，選択肢 **3** を選ぶ。

第1部 （問題編 P.131 〜 132）

No.1 正解 2 🔊 TR 52

🔊 **放送文**

A : Hi. Nice to meet you. My name is Kenta.
B : Nice to meet you too. I'm Kathy.
A : Where are you from?

▶ **選択肢**

1. Yes, I do.
2. I'm from England.
3. I like Tokyo.

🔊 **放送文 訳**

A : やあ。はじめまして，ぼくの名前はケンタだよ。
B : はじめまして。私はキャシーよ。
A : どこの出身なの？

▶ **選択肢 訳**

1. はい，そうよ。
2. 私はイングランド出身よ。
3. 私は東京が好きよ。

解説 Where are you from? は出身地をたずねる表現。選択肢 **2**「イングランド出身よ」を選ぶ。Where do you come from? も同様に出身地をたずねる表現。

No.2 正解 1 🔊 TR 53

🔊 **放送文**

A : Are you going to the city library?
B : Yes.
A : When will you come back?

▶ **選択肢**

1. Around six.
2. I'm busy.
3. I have lots of books.

🔊 **放送文 訳**

A : 市の図書館に行くつもり？
B : うん。
A : いつ帰ってくるの？

▶ **選択肢 訳**

1. 6時ごろ。
2. ぼくは忙しい。
3. ぼくはたくさん本を持っています。

解説 When will you come back? で帰ってくる時間をたずねているので，時間を答えている選択肢を選ぶ。選択肢 **1** の Around six. は「6時ごろ」。around や about は時間とともに使うと「〜ごろ」という意味になる。

No.3　正解 2　　　　　　　　　　　　　　　　　　　　　🔊 TR 54

🔊 放送文

A : Let's go to the park, Ellen.
B : OK, John.
A : How shall we go there?

🔊 放送文 訳

A : 公園に行こう，エレン。
B : いいわよ，ジョン。
A : どうやって公園に行こうか？

▶ 選択肢

1. I like the flowers.
2. Let's walk.
3. I'm sleepy.

▶ 選択肢 訳

1. 私はその花が好きです。
2. 歩いて行きましょう。
3. 私は眠いです。

解説 問われているのは「交通手段」あるいは「公園へ行く方法」。バスで行くなら "(Let's go there) By bus." 自転車なら "By bike."。この場合は歩いて行くので **2. Let's walk.** が自然。歩いて行く場合の "(Let's go there) On foot." も重要な表現。

No.4　正解 1　　　　　　　　　　　　　　　　　　　　　🔊 TR 55

🔊 放送文

A : Did you have a good vacation?
B : Yeah, I went to a mountain. It was wonderful.
A : How long did you stay?

🔊 放送文 訳

A : いい休みを過ごした？
B : うん，山へ行ったんだ。すばらしかったよ。
A : どれくらい滞在したの？

▶ 選択肢

1. For a week.
2. To the lake.
3. With my friends.

▶ 選択肢 訳

1. 1週間。
2. 湖へ。
3. 友だちといっしょに。

解説 How long 〜? は時間の長さを問う表現。それに対する適切な答えの文は選択肢 **1** の「1週間」。

No.5 　正解 　3　.. 🔊 TR 56

🔊)) 放送文

A : Tomorrow is my mother's birthday.
B : Really? What will you give her?
A : Some flowers.

🔊)) 放送文 訳

A : 明日はお母さんの誕生日です。
B : 本当？　何をあげるの？
A : 花です。

▶ 選択肢

1. At the flower shop.
2. On Saturdays.
3. Sounds good.

▶ 選択肢 訳

1. 花屋で。
2. 毎週土曜日。
3. いいわね。

解説 母親の誕生日に花をあげるという男の子に対して，感想を言う場面。女性は Sounds good.「いいわね」と感想を述べている。

No.6 　正解 　2　.. 🔊 TR 57

🔊)) 放送文

A : Mie and I will go to James Burger tonight. Can you come?
B : All right. What time?
A : Around seven.

🔊)) 放送文 訳

A : ミエとぼくは今夜ジェイムズ・バーガーに行くんだ。きみも来られる？
B : いいわよ，何時？
A : 7 時ごろ。

▶ 選択肢

1. It takes two hours.
2. OK. See you later.
3. I didn't go to the restaurant.

▶ 選択肢 訳

1. 2 時間かかるわ。
2. わかったわ。それではあとで。
3. 私はそのレストランに行かなかった。

解説 男子学生と女子学生が今夜ハンバーガーショップに行く話をしている。「いいわよ，何時？」「7 時ごろ」に続けるのに適切なのは，選択肢 2 の「それではあとで」。選択肢 1 の「2 時間かかる」は時間の長さを聞かれたときの答え方。

No.7 正解 3 ··· ◀))) TR 58

◀))) 放送文

A: Good afternoon.
B: May I help you?
A: Yes. Do you have albums?

▶ 選択肢

1. I like them, sir.
2. Yes, I am a cook, sir.
3. They're over here, sir.

◀))) 放送文 訳

A: こんにちは。
B: いらっしゃいませ。
A: はい。アルバムはありますか。

▶ 選択肢 訳

1. 私はそれらが好きです，お客様。
2. はい，私が料理人です，お客様。
3. あちらにございます，お客様。

解説 Do you ～? で質問しているので，Yes / No で答えると考えるのが一般的だが，選択肢 **2** の「はい，私が料理人です」では意味不明。正解は選択肢 **3**。over here は「あちらに」という意味なので They're over here. で「それらはあちらにあります」。

No.8 正解 1 ··· ◀))) TR 59

◀))) 放送文

A: Shall we go to a movie sometime?
B: OK. How about this weekend?
A: I'm free on Sunday afternoon.

▶ 選択肢

1. Me, too.
2. At the park.
3. Watching TV is fun.

◀))) 放送文 訳

A: いつか映画に行かない？
B: いいよ。今週末はどう？
A: 日曜日の午後があいてるわ。

▶ 選択肢 訳

1. ぼくもだ。
2. 公園で。
3. テレビを見るのは楽しい。

解説 週末に映画を見に行こうとしている2人。「日曜日の午後があいてるわ」という女性の発言に最も合う返答は，選択肢 **1** の「ぼくもだ」。Me, too. は「自分も同じである」ことを表す略式表現。

148

No.9　正解 3　　　　　　　　　　　　　　　　　　　　　　　　　🔊 TR 60

🔊)) 放送文

A : Are you hungry, Diego?
B : Yes, I didn't have time to eat lunch today.
A : What do you want to eat?

🔊)) 放送文 訳

A : おなかすいてる，ディエゴ？
B : うん，今日は昼食を食べる時間がなかったんだ。
A : 何を食べたい？

▶ 選択肢

1. I'm full.
2. At the restaurant.
3. How about pizza?

▶ 選択肢 訳

1. ぼくはおなかいっぱい。
2. レストランで。
3. ピザはどう？

解説 これから男女が食事に出かけようとしている場面。「何を食べたい？」と聞く女性に対する男性の答えは，選択肢 **3**「ピザはどう？」が適切。選択肢 **1** の I'm full.「おなかがいっぱい」もよく使う表現だが，ここでは男性は「おなかがすいている」ので不適切。

No.10　正解 1　　　　　　　　　　　　　　　　　　　　　　　　　🔊 TR 61

🔊)) 放送文

A : When is the piano contest, Susan?
B : It's next Sunday, Dad.
A : Do your best.

🔊)) 放送文 訳

A : ピアノのコンテストはいつだい，スーザン？
B : 今度の日曜日よ，お父さん。
A : 全力を尽くすんだよ。

▶ 選択肢

1. I will.
2. The harmonica is easy.
3. Take care.

▶ 選択肢 訳

1. そうするわ。
2. ハーモニカは簡単ね。
3. お大事に。

解説 ピアノコンテストを今度の日曜日に控えた娘を，お父さんが「全力を尽くせ」と励ましている場面。正解の I will. は I will do my best. を略した言い方。I will ～は「～します」と意志を表す。

No.11 正解 2 〔TR 63〕

◀))) 放送文

A: Can we walk to the theater?
B: Look, it is going to rain soon.
A: Oh. Let's take a taxi.
B: Good idea.
Question: How will they go to the theater?

◀))) 放送文 訳

A: 劇場へは歩いて行こうか？
B: 見て，すぐに雨が降りそうよ。
A: ああ。タクシーに乗ろう。
B: いい考えね。
質問: 彼らはどうやって劇場に行きますか。

選択肢訳 1. バスで。　2. タクシーで。　3. 電車で。　4. 徒歩で。

解説 男性は最初，「歩いて行こうか」と言ったが，雨が降りそうなので，「タクシーに乗ろう」と提案している。女性は「いい考えね」と答えているので，答えは選択肢 **2**。選択肢 **4** の On foot は「徒歩で」という熟語。

No.12 正解 2 〔TR 64〕

◀))) 放送文

A: Amy, is this bag yours?
B: No, mine is smaller.
A: Is it Cindy's, then?
B: Yes, it is.

Question: Whose bag is it?

◀))) 放送文 訳

A: エイミー，このかばんはきみのですか。
B: いいえ，私のかばんはもっと小さいです。
A: では，それはシンディーのですか。
B: はい，そうです。
質問: それはだれのかばんですか。

選択肢訳 1. エイミーのもの。　2. シンディーのもの。
　　　　　　3. ブッシュさんのもの。　4. ジョーのもの。

解説 男性が見つけたかばんをだれのものか確認している場面。後半で「それはシンディーのものですか」とたずねる男性に対し，エイミーは「はい，そうです」と答えているので，正解は選択肢 **2**。

No.13 正解 **3** . . . . ◀)) TR 65

◀))) 放送文

A: What did you do yesterday, Michael?

B: I went to a concert, Becky.

A: Did your brother go to the concert, too?

B: No, he was doing his homework, so he was very busy.

Question: Who was very busy yesterday?

◀))) 放送文 訳

A: 昨日何をしたの，マイケル？

B: コンサートに行ったよ，ベッキー。

A: あなたの弟もそのコンサートに行ったの？

B: いや，弟は宿題をしていて，とても忙しかったんだ。

質問: 昨日とても忙しかったのはだれですか。

選択肢訳 1. マイケル。 2. ベッキー。 3. マイケルの弟。 4. ベッキーの姉。

解説 後半の会話に注目。「あなたの弟も行ったの？」とたずねているベッキーに対し，マイケルは「いや，弟は宿題をしていて，とても忙しかったんだ」と答えている。したがって，忙しかったのはマイケルの弟である。

No.14 正解 **4** . . . . ◀)) TR 66

◀))) 放送文

A: Ms. Lennon, is the English test on Thursday?

B: No. It's on Tuesday.

A: All right. I must start studying tonight.

B: Good luck.

Question: When is the English test?

◀))) 放送文 訳

A: レノン先生，英語のテストは木曜日ですか。

B: いいえ，火曜日です。

A: わかりました。今夜勉強を始めないと。

B: がんばって。

質問: 英語のテストはいつですか。

選択肢訳 1. 土曜日。 2. 水曜日。 3. 木曜日。 4. 火曜日。

解説 最初に生徒が「レノン先生，英語のテストは木曜日ですか」とたずねているが，先生は「いいえ，火曜日です」と答えている。したがって，正解は選択肢**4**。

模擬試験・解答と解説 リスニング

151

No.15 正解 1 ．．． ◀)) **TR 67**

◀)) 放送文

A : Where will we meet Dad, Mom?
B : At Tokyo Station.
A : OK.
B : We'll go to the Sky Tower together after that.

Question: Where will the boy meet his father?

◀)) 放送文 訳

A : お父さんとはどこで会うの，お母さん？
B : 東京駅よ。
A : わかった。
B : そのあとはいっしょにスカイタワーへ行くわよ。

質問：男の子はどこでお父さんに会いますか。

選択肢訳 ▶ **1.** 東京駅で。　**2.** 空港で。　**3.** 家で。　**4.** スカイタワーで。

解説 ▶ 最初に息子が「お父さんとはどこで会うの，お母さん？」とたずねている。それに対して母親は「東京駅よ」と答えているので，選択肢 **1** を選ぶ。

No.16 正解 2 ．．． ◀)) **TR 68**

◀)) 放送文

A : What did you do on Sunday?
B : I went to the science museum with my dad.
A : Good.　I went to see a soccer game.
B : That's nice.

Question: What did the boy do on Sunday?

◀)) 放送文 訳

A : 日曜日は何をしたの？
B : お父さんと科学博物館へ行ったわ。
A : いいね。ぼくはサッカーの試合を見に行ったんだ。
B : それはいいわね。

質問：男の子は日曜日に何をしましたか。

選択肢訳 ▶ **1.** 彼は科学博物館へ行った。　**2.** 彼はサッカーの試合を見た。
3. 彼は野球の試合を見た。　**4.** 彼は父親を手伝った。

解説 ▶ 前半は女の子が科学博物館へ行った話。後半に男の子が「ぼくはサッカーの試合を見に行ったんだ」と発言しているので，正解は選択肢 **2**。

No.17 正解 **4** ・・・ (�))) TR 69

◁))) 放送文

A: Excuse me. How much is this red bag?

B: It's fifty dollars.

A: Well, I would like a cheaper one. How much is this blue one?

B: Thirty dollars.

Question: How much is the red bag?

◁))) 放送文 **訳**

A：すみません。この赤いかばんはいくらですか。

B：50ドルです。

A：うーん，もっと安いのがほしいな。この青いかばんはいくらですか。

B：30ドルです。

質問：赤いかばんはいくらですか。

選択肢訳 ▶ 1. 20ドル。　2. 30ドル。　3. 40ドル。　4. 50ドル。

解説 会話には2種類のかばん(redとblue)が出てくる。赤いかばんは50ドルである。30ドルは青いかばんのほう。選択肢**4**が正解。

No.18 正解 **3** ・・・ (�))) TR 70

◁))) 放送文

A: Will you go anywhere this summer, Paul?

B: I'll go to Chicago on July 25th. I can't wait.

A: Sounds great. When will you come back?

B: August 4th.

Question: When will Paul come back?

◁))) 放送文 **訳**

A：この夏はどこかに行くの，ポール？

B：7月25日にシカゴに行くよ。待ち遠しいな。

A：いいわね。いつ戻ってくるの？

B：8月4日だよ。

質問：ポールはいつ帰ってきますか。

選択肢訳 ▶ 1. 7月4日。　2. 7月25日。　3. 8月4日。　4. 8月25日。

解説 ポールはこの夏，シカゴに行くが，行くのは7月25日，帰ってくるのが8月4日である。最後の発言がそのまま答えになる。

153

◀)) 放送文

A : Takuya, did you watch the All-Star baseball game on TV yesterday?

B : No, I didn't.

A : Why not?

B : I am not interested in baseball.

Question: Why didn't Takuya watch the All-Star baseball game on TV yesterday?

◀)) 放送文 訳

A : タクヤ，昨日テレビで野球のオールスターゲーム見た？

B : いや，見なかった。

A : なぜ，見なかったの？

B : 野球には興味がないんだ。

質問 : なぜタクヤは昨日テレビで野球のオールスターゲームを見なかったのですか。

選択肢訳

1. 彼は勉強していた。　　2. 彼は野球のカードを集めていた。
3. 彼は疲れていた。　　4. 彼はあまり野球が好きではない。

解説 後半の会話に注目。Why not? は，Why didn't you watch the All-Star baseball game on TV yesterday? を省略したもの。それに対する男の子の答えは「野球には興味がないんだ」。一番近い意味を表す選択肢は **4** の「あまり野球が好きではない」。

◀)) 放送文

A : May I help you?

B : I would like to send this letter to Germany.

A : OK. Anything else?

B : Do you have a picture postcard here?

Question: Where are they talking?

◀)) 放送文 訳

A : いらっしゃいませ。

B : この手紙をドイツに送りたいんですが。

A : わかりました。ほかに何かありますか。

B : ここには絵はがきはありますか。

質問 : 彼らはどこで話していますか。

選択肢訳

1. 銀行で。　　2. 郵便局で。　　3. 空港で。　　4. 美術館で。

解説 話している場所が問われている。letter「手紙」，postcard「はがき」などの単語が聞き取れれば郵便局であると推測できる。

No.21 正解 3 〔●)) TR 74〕

放送文

Jiro usually gets up at seven on weekdays, but he gets up at five on Sundays. He has a morning volleyball practice every Sunday, so he has to get up early.

Question: Why does Jiro get up at five on Sundays?

放送文 訳

ジローはたいていウイークデイ（月～金曜日）には7時に起きますが，日曜日は5時に起きます。日曜日はバレーボールの朝練習があるので，彼は早く起きなくてはいけません。

質問：なぜジローは，日曜日は5時に起きるのですか。

選択肢訳

1. 彼は疲れている。
2. 彼は自分の部屋を掃除する。
3. 彼にはバレーボールの練習がある。
4. 彼にはピアノの練習がない。

解説 ジローは，平日は7時に起きるが，日曜日にはバレーボールの朝練習があるので，5時に起きる。したがって正解は選択肢**3**。

No.22 正解 3 〔●)) TR 75〕

放送文

Last year, Jessica went to Hawaii with her family. It was a wonderful place. She will never forget the beautiful sunset at the beach. She wants to go to Hawaii this year again.

Question: When did Jessica go to Hawaii?

放送文 訳

昨年，ジェシカは家族とハワイに行きました。ハワイはすばらしい場所でした。彼女はビーチでの美しい夕日を決して忘れないでしょう。彼女は今年もハワイに行きたいと思っています。

質問：ジェシカはいつハワイに行きましたか。

選択肢訳 1. 3年前。 2. 2年前。 3. 昨年。 4. 今年。

解説 最初に「昨年，ジェシカは家族とハワイに行きました」とあるので選択肢**3**が正解。選択肢**4**の「今年」は行きたいのであって，まだ行っていないので不適切。

模擬試験・解答と解説 リスニング

No.23 正解 1 　　　　　　　　　　　　　　　　　　　　　　　🔊 TR 76

🔊)) 放送文

I am Kathrin Chan from Singapore. I'm going to go to Tokyo next month because I want to visit Akihabara. I am interested in Japanese pop culture very much.
Question: Why is Kathrin going to go to Tokyo?

🔊)) 放送文 訳

私はシンガポール出身のキャスリン・チャンです。私は来月東京に行きます。なぜなら私は秋葉原を訪れたいからです。私は日本の大衆文化にとても興味があります。
質問：キャスリンはなぜ東京に行くつもりなのですか。

選択肢訳
1. 秋葉原を訪れるため。　　　2. 日本語を勉強するため。
3. 日本の古い文化を体験するため。　　　4. コンピューターを買うため。

解説 第2文の because 以下に着目。東京に行く理由として「秋葉原を訪れるため」と言っている。したがって，正解は選択肢 **1**。

No.24 正解 4 　　　　　　　　　　　　　　　　　　　　　　　🔊 TR 77

🔊)) 放送文

Richard felt bad after dinner, and went to bed early last night. He got better this morning. He is going to see a doctor in the morning. He will go to school this afternoon.
Question: When will Richard go to school?

🔊)) 放送文 訳

リチャードは夕食後に気分が悪かったので，昨夜は早く寝ました。今朝は気分がよくなりました。午前中は医者にみてもらいに行きます。午後に学校へ行くつもりです。
質問：いつリチャードは学校へ行く予定ですか。

選択肢訳 1. 明日の午前中。　　2. 明日の午後。　　3. 今朝。　　4. 今日の午後。

解説 気分が悪かったのは昨夜の話。今日は気分がよくなり，午前中は医者へ行き，午後は学校へ行く予定。したがって正解は選択肢 **4**。

放送文

Miku will take a few tests tomorrow. First, she studied Japanese for an hour. Then, she studied history for thirty minutes. Finally she studied math for one and a half hours.

Question: How long did Miku study Japanese today?

放送文 訳

ミクは明日, いくつかテストがあります。最初に彼女は国語を1時間勉強しました。それから彼女は歴史を30分勉強しました。最後に彼女は数学を1時間半勉強しました。

質問：ミクは今日どのくらい国語を勉強しましたか。

選択肢訳 1. 30分。 2. 1時間。 3. 1時間半。 4. 3時間。

解説 ミクは国語を1時間, 歴史を30分, 最後に数学を1時間半勉強した。1回目の放送で質問文の [How long / study Japanese] を聞き取っておくことがポイント。ここでは最初の国語について問われているので, 正解は選択肢 **2**。

No.26 正解 2 .... ◀)) TR 79

放送文

Ryuichi is in London now. He wants to see many things there. He walked along the River Thames in the morning. He is going to take a bus tour in the afternoon.

Question: What will Ryuichi do this afternoon?

放送文 訳

リュウイチは現在ロンドンにいます。彼はそこでたくさんのものを見たいと思っています。彼は午前中, テムズ川に沿って歩きました。午後はバスツアーに参加するつもりです。

質問：リュウイチは今日の午後, 何をするつもりですか。

選択肢訳 1. ロンドンをあちこち歩き回る。 2. バスツアーに参加する。 3. 紅茶を飲む。 4. ホテルに滞在する。

解説 リュウイチは午前中テムズ川沿いを歩いたが, 「午後はバスツアーに参加する」と最後の文にあるので, 正解は選択肢 **2**。1回目の放送で質問文の [What / will / this afternoon] を聞き取っておくことがポイント。

🔊 放送文

There are five people in Sally's family. Her brother is a college student. Her sister is a high school student. Her mother is a nurse. Her father works for a bank.

Question: Who works for a bank?

🔊 放送文 訳

サリーは５人家族です。兄は大学生です。姉は高校生です。母は看護師です。父は銀行で働いています。

質問：だれが銀行で働いているのですか。

選択肢訳 1. サリーの姉。　2. サリーの兄。　3. サリーの母。　4. サリーの父。

解説 最後の文に「父は銀行で働いている」とある。したがって正解は選択肢 **4**。1回目の放送で質問文の [Who / bank] を聞き取っておくことがポイント。

🔊 放送文

Welcome to The White Rose. Today, apples are on sale. Five apples are usually six dollars, but they are only four dollars today. Oranges and bananas are cheaper, too.

Question: Where is the speaker?

🔊 放送文 訳

ホワイト・ローズにようこそ。今日はリンゴがセールです。リンゴは通常５つで６ドルですが，今日はたったの４ドルです。オレンジやバナナも安くなっています。

質問：話している人はどこにいますか。

選択肢訳 1. レストラン。　2. 教会。　3. スーパーマーケット。　4. 駅。

解説 ホワイト・ローズだけでは何なのかわからないが，apples, oranges, bananas だけでなく，on sale, cheaper などが聞き取れれば，スーパーマーケットの名前であることが想像できる。したがって正解は選択肢 **3**。

🔊 放送文

David and his mother like sports very much. But David's father and David's sister don't like sports. They like music. He is a good guitarist and she can play the violin well.

Question: Who can play the guitar well?

🔊 放送文 訳

デイビッドとデイビッドの母はスポーツが大好きです。しかしデイビッドの父と姉はスポーツが好きではありません。彼らは音楽が好きです。父はギターが上手で，姉はバイオリンを上手に弾くことができます。

質問：ギターを上手に弾くことができるのはだれですか。

選択肢訳 ▶ 1. デイビッド。　　　　　2. デイビッドの姉。
　　　　　3. デイビッドの母。　　　4. デイビッドの父。

解説 ▶ 音楽が好きなのはデイビッドの父と姉で，父はギター，姉はバイオリンが得意。ギターを上手に弾ける人をたずねているので，正解は選択肢 **4**。1回目の放送で質問文の [Who / guitar] を聞き取ることがポイント。

🔊 放送文

Satoko likes cleaning very much. She cleans the living room, the toilet, and her husband's room. But her husband cleans the kitchen because he likes cooking very much.

Question: Which part of the house does Satoko's husband clean?

🔊 放送文 訳

サトコは掃除をするのが大好きです。彼女は居間とトイレと夫の部屋を掃除します。しかし，彼女の夫は料理が大好きなので台所を掃除します。

質問：サトコの夫は家のどの部分を掃除しますか。

選択肢訳 ▶ 1. 台所。　2. 彼の部屋。　3. サトコの部屋。　4. トイレ。

解説 ▶ 正解は選択肢 **1**。最終文で，サトコの夫は料理が大好きなので台所を掃除するとある。But のあとの内容は，前と対照的な内容であることに注意して聞くこと，1回目の放送で質問文の [Which part / husband] を聞き取ることなどがポイント。

著者

江川昭夫　えがわ あきお

英語教育の現場で英語教師として力を注ぎ、自らが原動力となった「英検まつり」、英語力強化を軸に展開する「学習転移メソッド」、グローバル人材育成を推進する「イマージョン教育」「先進的留学制度」など、意欲的なプログラムを成功に導く。英語初期学習者の効率的学習法から海外子女帰国後の英語力の維持発展まで英語教育全般における実績に定評がある。佼成学園女子中学高等学校（東京都世田谷区）では主軸の教頭を務め、英検1級合格者を毎年輩出。平成28(2016)年4月、学校法人聖母被昇天学院（大阪府箕面市）常任理事に就任。平成29(2017)年4月、アサンプション国際中学校高等学校校長。学院の幼・小・中高での英語一貫教育構築のリーダーを務め、平成31(2019)年4月、学校法人森村学園（神奈川県横浜市）中等部・高等部校長に就任。令和4(2022)年3月、任期満了をもって勇退。その後、学校法人三田尻学園（山口県防府市）理事、学校法人大成学園（東京都三鷹市）評議員、学校法人自由ヶ丘学園（東京都目黒区）教育アドバイザー、株式会社078（兵庫県神戸市：内閣府企業主導型保育園Kids&Nursery School）教育顧問に就任。21stCEO（旧21世紀型教育機構）創設メンバーから「未来志向型教育」拡充に多方面から貢献。論理的思考力の基盤と考えられるLanguage Artsにも注目。論理的に日本語で自らの意見を主張できる人財の育成にも貢献。

一問一答　英検®4級 完全攻略問題集 音声DL版

著 者　江川昭夫
発行者　高橋秀雄
編集者　根本真由美
発行所　**株式会社 高橋書店**
　　　　〒170-6014 東京都豊島区東池袋3-1-1 サンシャイン60 14階
　　　　電話　03-5957-7103

ISBN978-4-471-27525-9　©TAKAHASHI SHOTEN　Printed in Japan

本書の内容についてのご質問は「書名、質問事項（ページ、内容）、お客様のご連絡先」を明記のうえ、郵送、FAX、ホームページお問い合わせフォームから小社へお送りください。
回答にはお時間をいただく場合がございます。また、電話によるお問い合わせ、本書の内容を超えたご質問にはお答えできませんので、ご了承ください。本書に関する正誤等の情報は、小社ホームページもご参照ください。

【内容についての問い合わせ先】
　書　面　〒170-6014 東京都豊島区東池袋3-1-1 サンシャイン60 14階　高橋書店編集部
　ＦＡＸ　03-5957-7079
　メール　小社ホームページお問い合わせフォームから　(https://www.takahashishoten.co.jp/)

【不良品についての問い合わせ先】
　ページの順序間違い・抜けなど物理的欠陥がございましたら、電話03-5957-7076へお問い合わせください。
　ただし、古書店等で購入・入手された商品の交換には一切応じられません。

一問一答
英検®4級
完全攻略問題集

音声DL版

別冊
スピーキングテスト
重要文法&
頻出単熟語

高橋書店

矢印の方向に引くと、取り外し可能です➡

スピーキングテスト／
重要文法&
じゅうようぶんぽう
頻出単熟語
ひんしゅつたんじゅくご

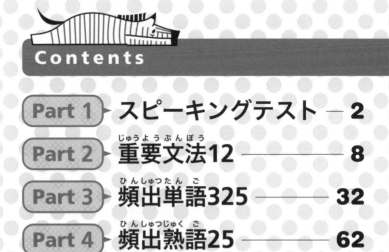

Contents

英検® 4級

スピーキングテストの概略

POINT

形 式　コンピューター端末を使用した録音形式。画面上に英文とイラストが表示される。まず英文の黙読・音読が課され，その後，音声による質問に答える。

対 策　ふだんから音読の練習をし，英語を口にすることに慣れておこう。英文自体は難しくないので，落ち着いて本番に臨むことが大切。

スピーキングテストとは?

受験者の英語を「話す」能力をみるテスト。与えられた英文の音読，英文やイラストに関する質問，受験者自身に関する質問などが出ます。

❶ 申込者は全員受験できる!

一次試験(筆記試験・リスニングテスト)の合否にかかわらず，申込者は全員受験できます。

❷ どこでも受験できる!

コンピューター端末を活用した録音形式で行われます。インターネット上のスピーキングテストサイトにアクセスして申し込みます。自宅や学校のパソコン，タブレットなどから受験できるので，指定された受験会場などに行く必要はありません。

受験日の指定はありません。有効期間は1年間なので注意しましょう。受験回数は1回の申し込みにつき1回のみとなります。

くわしくは，日本英語検定協会のホームページをご覧ください。

❸ 合否は一次試験とは別に判定

　一次試験の合否判定には，スピーキングテストの結果は使用されません。

　スピーキングテストの結果は，これまでの級認定とは別に，スピーキングテスト単独の合否として判定されます。

　成績は，スピーキングテスト受験から約1か月後に，ウェブサイト上で確認できます。

スピーキングテストの課題内容

形式・課題	形式・課題詳細	質問数	解答形式
音読	20〜30語程度の英文を読む。	1問	録音形式（パソコン，スマートフォン，タブレットなどのコンピューター端末）
英文についての質問	音読した英文の内容についての質問に答える。	2問	
イラストについての質問	イラスト中の人物の行動や物の状況を描写する。	1問	
受験者自身のことなど	受験者自身のことに関する質問に答える（カードのトピックに直接関連しない内容も含む）。	1問	

📢 TR 85

Aya's Friend

Aya has a friend from Australia. His name is Jack. Jack likes movies. Aya and Jack sometimes go to a movie. He wants to become an actor someday.

※上記四角の枠内が受験者に画面上で提示される情報です。

【質問】
（下記質問の前に，パッセージ〈英文〉の黙読・音読が課されます。）

No.1
📢 TR 86
Please look at the passage. Where is Jack from?

No.2
📢 TR 87
What does Jack want to be?

No.3
📢 TR 88
Please look at the picture. What is the man with the cap doing?

No.4
📢 TR 89
Do you like to watch movies?
Yes. → What kind of movies do you like?
No. → What do you usually do on holidays?

解答と解説

パッセージ訳 アヤの友だち

　アヤにはオーストラリア出身の友だちがいます。彼の名前はジャックです。ジャックは映画が好きです。アヤとジャックはときどき映画を見に行きます。彼はいつか俳優になりたいと思っています。

No.1
TR 86

質問文訳 パッセージを見てください。ジャックはどこの出身ですか。

解答例 He is from Australia.

解答例訳 彼はオーストラリア出身です。

解説 1文目の a friend from Australia がジャックのこと。Jack を He に置きかえて答える。

No.2
TR 87

質問文訳 ジャックは何になりたいと思っていますか。

解答例 He wants to be an actor.

解答例訳 彼は俳優になりたいと思っています。

解説 最後の文に注目。ここが質問の答えになる。

No.3
TR 88

質問文訳 絵を見てください。帽子をかぶった男性は何をしていますか。

解答例 He is talking on the phone[cellphone/smartphone].

解答例訳 彼は電話[携帯電話／スマートフォン]で話しています。

解説 絵を見て答える問題。現在進行形で答えることに注意。「電話で」は on the phone で表す。

No.4
TR 89

質問文訳 あなたは映画を見るのが好きですか。

（はい。）→あなたはどんな映画が好きですか。

（いいえ。）→あなたは休日にたいてい何をしていますか。

解答例 Yes. → I like action movies.

　　　　No. → I play baseball with my friends.

解答例訳 はい。→私はアクション映画が好きです。

　　　　　いいえ。→私は友だちと野球をしています。

解説 自分自身について答える問題。Yes の場合のほかの解答例は，comedy「コメディー」，horror「ホラー」など。また，休日によく自分が何をするか，英語で答えられるようにしておくとよい。

◀)) TR 91

Ken's Sports

Ken likes sports. Ken runs every morning. He is on the swimming team, and he swims after school. On Sunday, Ken plays basketball.

- -

※上記四角の枠内が受験者に画面上で提示される情報です。

【質問】
（下記質問の前に，パッセージ〈英文〉の黙読・音読が課されます。）

No.1
◀)) TR 92
Please look at the passage. What does Ken do after school?

No.2
◀)) TR 93
When does Ken play basketball?

No.3
◀)) TR 94
Please look at the picture. What is the woman doing?

No.4
◀)) TR 95
Do you like swimming?
Yes. → When do you swim?
No. → What sports do you like?

解答と解説

パッセージ訳 ケンのスポーツ

　ケンはスポーツが好きです。ケンは毎朝走ります。彼は水泳部に所属していて，放課後に泳ぎます。日曜日にはケンはバスケットボールをします。

No.1 TR 92

質問文訳 パッセージを見てください。ケンは放課後に何をしますか。

解答例 He swims.

解答例訳 彼は水泳をします。

解説 after school とある，3文目の後半に注目。Ken を He に置きかえて答える。

No.2 TR 93

質問文訳 ケンはいつバスケットボールをしますか。

解答例 He plays it on Sunday.

解答例訳 彼は日曜日にバスケットボールをします。

解説 最後の文に注目。答えるときは，basketball を it にかえるとよい。On Sunday. でも正解だが，主語と動詞がそろった形で答えるのがより望ましい。

No.3 TR 94

質問文訳 絵を見てください。女性は何をしていますか。

解答例 She is walking her dog.

解答例訳 彼女は犬の散歩をしています。

解説 絵を見て答える問題。動詞 walk には「歩く」という意味だけでなく，「～を散歩させる」という意味もある。

No.4 TR 95

質問文訳 あなたは泳ぐことが好きですか。

　　　　　（はい。）→あなたはいつ泳ぎますか。

　　　　　（いいえ。）→あなたはどんなスポーツが好きですか。

解答例 Yes. → I swim on Saturdays.

　　　　No. → I like soccer.

解答例訳 はい。→私は土曜日に水泳をします。

　　　　いいえ。→私はサッカーが好きです。

解説 自分自身について答える問題。〈on ＋ 曜日〉以外にも，on Wednesday evening「水曜日の晩」，every Sunday「毎週日曜日」といった表現も覚えよう。No の場合も，I like ～ . のように主語と動詞がそろった形で答えるのがよい。

重要文法 1 代名詞

1 代名詞の変化

⇒ 代名詞は働きによって形が変わるので，要注意！

1) 主格：主語として用いる代名詞（動詞の前に置きます）

I am a tennis player.
訳 私はテニスの選手です。

2) 目的格：目的語として用いる代名詞（動詞のあとに置きます）

Bob helps me.
訳 ボブは私を助けてくれる。

3) 所有格：名詞がだれのものかを表す代名詞（名詞の前に置きます）

My name is Hitoshi Ito.
訳 私の名前はイトウ・ヒトシです。

4) 所有代名詞：「〜のもの」の意味になる代名詞（所有格 + 名詞の役割）

This book is mine.　　訳 この本は私のものです。
= This is my book.　　訳 これは私の本です。

2 this と that

⇒ this / that は，複数のものを表すときは these / those と形を変えます。

1) this → these

This is my book.　　訳 これは私の本です。（単数）
These are my books.　　訳 これらは私の本です。（複数）

2) that → those

That is his book.　　訳 あれは彼の本です。（単数）
Those are his books.　　訳 あれらは彼の本です。（複数）

学習日

〈代名詞の変化一覧〉

	主格 （〜は）	所有格 （〜の）	目的格 （〜を・に）	所有代名詞 （〜のもの）
私	I	my	me	mine
私たち	we	our	us	ours
あなた あなたたち	you	your	you	yours
彼	he	his	him	his
彼女	she	her	her	hers
それ	it	its	it	its
彼ら 彼女たち それら	they	their	them	theirs

スピーキングテスト

重要文法

頻出単語

頻出熟語

重要文法 ② 過去形

▊ 一般動詞の過去形（規則変化と不規則変化）

⇒「過去」の出来事やことがらを表すときは動詞を過去形にします。動詞によって規則変化と不規則変化の2種類があります。

1）規則変化…動詞の末尾に -d, -ed をつけます

She plays the piano every day.
訳 彼女は毎日ピアノを弾きます。

She played the piano yesterday.
訳 彼女は昨日ピアノを弾きました。

2）不規則変化…-d, ed をつけません

He goes to church every Sunday.
訳 彼は毎週日曜日に教会へ行きます。

He went to church last Sunday.
訳 彼はこの前の日曜日に教会へ行きました。

▊ be 動詞の過去形

⇒ be 動詞の過去形は was と were の2種類があります。was と were は主語によって使い分けます。

1）was を使う主語…you を除く単数形のすべて（→ I, he, she, it, 名詞の単数形）

She was in the kitchen at that time.
訳 彼女はそのとき台所にいました。

It was fine yesterday.
訳 昨日は晴れでした。

2）were を使う主語…you と複数形のすべて（→ you, we, they, 名詞の複数形）

We were in the bus this morning.

訳 私たちは今朝バスに乗っていました。

The boys were very kind.

訳 その少年たちはとても親切でした。

※ am, is → was / are → were と覚えましょう。

〈おもな不規則変化の動詞〉

	現在形	過去形	意味
1	break	broke	壊す
2	buy	bought	買う
3	come	came	来る
4	eat	ate	食べる
5	get	got	得る
6	give	gave	与える
7	go	went	行く
8	hear	heard	聞く
9	know	knew	知っている
10	leave	left	去る
11	make	made	作る

	現在形	過去形	意味
12	meet	met	会う
13	read	read [réd]*	読む
14	run	ran	走る
15	say	said	言う
16	see	saw	見る
17	sit	sat	座る
18	speak	spoke	話す
19	stand	stood	立つ
20	take	took	取る
21	tell	told	語る
22	write	wrote	書く

*read は現在形と同じつづりだが，[réd] と読む。

〈be 動詞の変化〉

	現在形	過去形
be動詞	am, is ➡	was
	are ➡	were

スピーキングテスト

重要文法

頻出単語

頻出熟語

学習日 ／

英検®4級

重要文法 ③ 否定文の作り方

❶ be 動詞の否定文

⇒ be 動詞の後ろに not を置きます。

Bob is not (= isn't) at home now.
訳 ボブは今，家にいません。

They are not (= aren't) my classmates.
訳 彼らは私のクラスメートではありません。

James was not (= wasn't) angry.
訳 ジェームズは怒っていませんでした。

〈be 動詞の否定文：現在形〉

時制	be動詞	例文
現在	am	I am not busy today. （短縮形）I'm not busy today.
	are	They are not busy today. （短縮形）They aren't busy today.
	is	She is not busy today. （短縮形）She isn't busy today.

〈be動詞の否定文：過去形〉

時制	be動詞	例文
過去	was	I was not busy yesterday. （短縮形）I wasn't busy yesterday.
	were	They were not busy yesterday. （短縮形）They weren't busy yesterday.

スピーキングテスト

重要文法

頻出単語

頻出熟語

2 一般動詞の否定文

⇒ 動詞の前に do not / does not / did not を置きます。動詞は原形（-s / -ed をつけない形）にします。

I do not (= don't) play golf.
訳 私はゴルフをしません。

Betty does not (= doesn't) like tomatoes.
訳 ベティはトマトが好きではありません。

We did not (= didn't) go to the party yesterday.
訳 私たちは昨日そのパーティーに行きませんでした。

〈一般動詞の否定文：現在形〉

時制	主語	否定形	例文
現在	3人称単数以外すべて（※一般動詞に-s, -es がつかないもの）	do not（＋動詞原形）	They do not <u>walk</u> to school. （短縮形）They don't <u>walk</u> to school. ※動詞は原形
	3人称単数（※一般動詞に-s, -es がつくもの）	does not（＋動詞原形）	The boy does not <u>walk</u> to school. （短縮形）The boy doesn't <u>walk</u> to school. ※動詞は原形

〈一般動詞の否定文：過去形〉

時制	主語	否定形	例文
過去	すべて	did not（＋動詞原形）	They did not <u>walk</u> to school. （短縮形）They didn't <u>walk</u> to school. ※動詞は原形 The boy did not <u>walk</u> to school. （短縮形）The boy didn't <u>walk</u> to school. ※動詞は原形

重要文法 ④ 疑問文の作り方

1 be 動詞の疑問文

⇒ be 動詞と主語を入れかえ，「？」をつけます。

A: **Are you** busy now?	訳 今あなたは忙しいですか。
B: Yes, I am.	訳 はい，忙しいです。
No, I'm not.	訳 いいえ，忙しくありません。
A: **Were you** busy then?	訳 そのときあなたは忙しかったですか。
B: Yes, I was.	訳 はい，忙しかったです。
No, I wasn't.	訳 いいえ，忙しくありませんでした。

〈be 動詞の疑問文：現在形〉

時制	be動詞	例文
現在	am	Am I kind to her? （答え方）Yes, you are. / No, you aren't.
	are	Are they from Japan? （答え方）Yes, they are. / No, they aren't.
	is	Is the girl kind to you? （答え方）Yes, she is. / No, she isn't.

〈be 動詞の疑問文：過去形〉

時制	be動詞	例文
過去	was	Was he kind to her? （答え方）Yes, he was. / No, he wasn't.
	were	Were they kind to you? （答え方）Yes, they were. / No, they weren't.

❷ 一般動詞の疑問文

⇒ 主語の前に do / does / did を置き，「？」をつけます。動詞には -s / -ed をつけません。

A: **Do** you like tomatoes? 　訳 あなたはトマトが好きですか。
B: Yes, I do. 　訳 はい，好きです。
　 No, I don't. 　訳 いいえ，好きではありません。
A: **Did** you go to the party? 訳 あなたはそのパーティーに行きましたか。
B: Yes, I did. 　訳 はい，行きました。
　 No, I didn't. 　訳 いいえ，行きませんでした。

〈一般動詞の疑問文：現在形〉

時制	主語	疑問文	例文
現在	3人称単数以外すべて （※一般動詞に-s, -es がつかないもの）	Do 主語 （＋動詞原形） 〜？	Do you have a ticket? ※動詞は原形 （答え方）Yes, I do. / No, I don't.
	3人称単数 （※一般動詞に-s, -es がつくもの）	Does 主語 （＋動詞原形） 〜？	Does she have a ticket? ※動詞は原形 （答え方）Yes, she does. / No, she doesn't.

〈一般動詞の疑問文：過去形〉

時制	主語	疑問文	例文
過去	すべて	Did 主語 （＋動詞原形） 〜？	Did the boys play baseball? ※動詞は原形 （答え方）Yes, they did. / No, they didn't.
			Did he have a ticket? ※動詞は原形 （答え方）Yes, he did. / No, he didn't.

重要文法 ⑤ 疑問詞を使った疑問文

❶ be 動詞の疑問文

⇒ 文頭に疑問詞を置きます。それ以外はふつうの be 動詞の疑問文と同じで，be 動詞と主語を入れかえ，「？」をつけます。

A: Where is she? 　　　　　　訳 彼女はどこにいますか。
B: She is in the library. 　　　訳 彼女は図書館にいます。

⇒「主語そのものが疑問詞」のときは語順の入れかえはしません。

A: Who is your father? 　　　訳 だれがあなたのお父さんですか。
B: He is my father. 　　　　　訳 彼が私の父です。

❷ 一般動詞の疑問文

⇒ 文頭に疑問詞を置きます。それ以外はふつうの一般動詞の疑問文と同じで，主語の前に do / does / did を置き，「？」をつけます。動詞には -s / -ed をつけません。

A: Where does he live? 　　訳 彼はどこに住んでいますか。
B: He lives in Yokohama. 訳 彼は横浜に住んでいます。

⇒「主語そのものが疑問詞」のときは語順の入れかえはしません。

A: Who teaches English? 訳 だれが英語を教えているのですか。
B: Mr. Aoki teaches English. 訳 アオキ先生が教えています。
　= Mr. Aoki does.

〈疑問詞を使った疑問文〉

疑問詞の意味	例文
who だれ	Who cooked dinner? だれが夕食を作ったのですか。
whose だれの	Whose book is this? これはだれの本ですか。
what 何・どんな	What color do you like? あなたはどんな色が好きですか。
which どちら・どちらの	Which camera did you buy? あなたが買ったのはどちらのカメラですか。
when いつ	When did you go to America? あなたはいつアメリカに行きましたか。
where どこで・どこに	Where is my notebook? 私のノートはどこですか。
why なぜ	Why are you so angry? あなたはなぜそんなに怒っているのですか。
how どのような・どのように	How did you come here? あなたはどうやってここに来たのですか。

〈how を使った頻出表現〉

How 〜の意味	例文
how many＋名詞 どのくらい多くの （数をたずねるとき）	How many people were there? どのくらいの人がそこにいましたか。
how much＋名詞 どのくらい多くの （量をたずねるとき）	How much meat did you buy? あなたはどのくらいの肉を買いましたか。
how much いくら （金額をたずねるとき）	How much is this watch? この腕時計はいくらですか。
how old いくつ （年齢をたずねるとき）	How old are you? あなたのお歳はおいくつですか。

重要文法 6 進行形

❶ 進行形の基本

⇒ 「be 動詞 ＋ -ing 形」の形を「進行形」と呼びます。進行形には以下の形があります。

1）現在進行形 「〜している」の意味
⇒ 「現在形の be 動詞 ＋ -ing 形」が基本です。

We are doing our homework now.
訳 私たちは今，宿題をしています。

He is doing his homework now.
訳 彼は今，宿題をしています。

2）過去進行形 「〜していた」の意味
⇒ 「過去形の be 動詞 ＋ -ing 形」が基本です。

I was having breakfast then.
訳 私はそのとき朝食を食べていた。

They were waiting for her at that time.
訳 彼らはそのとき彼女を待っていた。

❷ 進行形の訳し方

⇒ 進行形は「〜している・〜していた」の意味が基本ですが，その動作が「ある方向に向かって進行」しているイメージがあるときは以下の意味になります。

1）現在進行形 「〜しようとしている・するところだ」の意味
Yoko is going to school.
訳 ヨウコは学校に行くところです。

2）過去進行形 「〜しようとしていた・するところだった」の意味
He was *getting off the train. ＊get off「降りる」
訳 彼は列車を降りようとしていた。

スピーキングテスト

重要文法

頻出単語

頻出熟語

❸ 現在形と進行形の違い

⇒ 「現在形」は習慣的に「ふだんからしていること」を，「進行形」は
一時的に「たまたましていること」を表します。

1) 現在形 ＝ ふだんからしていること

He runs around the park every morning.
訳 彼は毎朝，公園の周りを走ります。

2) 進行形 ＝ たまたましていること

He is running around the park now.
訳 彼は今，公園の周りを走っています。

〈進行形を使った文の種類〉

時制	文の種類	例文
現在進行形	肯定文	He is reading a newspaper now.
	否定文	He is not (isn't) reading a newspaper now.
	疑問文	Is he reading a newspaper now?
過去進行形	肯定文	He was reading a newspaper then.
	否定文	He was not (wasn't) reading a newspaper then.
	疑問文	Was he reading a newspaper then?

重要文法 7 未来形

1 未来形の基本

⇒ 未来形は「will + 動詞の原形」と「be going to + 動詞の原形」の2つのパターンがあります。どちらも動詞は原形（-s / -ed をつけない形）にします。

I will visit my uncle tomorrow.

I am going to visit my uncle tomorrow.
訳 明日，私はおじを訪ねるつもりです。

2 未来形の否定文

⇒ will を使う場合は「will + not + 動詞の原形」，
be going to を使う場合は「be動詞 + not + going to + 動詞の原形」。

He will not (won't) come to the party tonight.

He is not (isn't) going to come to the party tonight.
訳 今夜，彼はパーティーに来ません。

3 未来形の疑問文と答え方

⇒ will を使う場合は「Will + 主語 + 動詞の原形〜?」，
be going to を使う場合は「be動詞 + 主語 + going to + 動詞の原形〜?」。

Will the bus <u>arrive</u> at ten o'clock?
→ Yes, it will. / No, it will not (won't).

Is the bus **going to** <u>arrive</u> at ten o'clock?
→ Yes, it is. / No, it is not (isn't).

訳 そのバスは 10 時ちょうどに着きますか。

訳 はい, 着きます。／いいえ, 着きません。

〈未来形を使った文の種類〉

	文の種類	例文
will を使った 未来形	肯定文	He will have dinner with Mary tonight. 彼は今夜, メアリーと夕食を食べるつもりです。
	否定文	He will not (won't) have dinner with Mary tonight. 彼は今夜, メアリーと夕食を食べません。
	疑問文	Will he have dinner with Mary tonignt? 彼は今夜, メアリーと夕食を食べますか。
be going to を使った 未来形	肯定文	He is going to have dinner with Mary tonight. 彼は今夜, メアリーと夕食を食べるつもりです。
	否定文	He is not (isn't) going to have dinner with Mary tonight. 彼は今夜, メアリーと夕食を食べません。
	疑問文	Is he going to have dinner with Mary tonight? 彼は今夜, メアリーと夕食を食べますか。

重要文法 8 助動詞

1 助動詞の基本

⇒助動詞は動詞の前に置きます。動詞は原形（-s / -ed をつけない形）にします。

I can play the piano.
訳 私はピアノを弾くことができます。

You should stay here.
訳 あなたはここにいるべきです。

2 助動詞の否定文

⇒否定文は助動詞の後ろに not をつけます。

I can not (= can't) play the violin.
訳 私はバイオリンを弾くことはできません。

You should not (= shouldn't) stay here.
訳 あなたはここにいるべきではありません。

3 助動詞の疑問文と答え方

⇒疑問文では主語の前に助動詞を置き，「？」をつけます。

Can you play the guitar?
　→ Yes, I can. / No, I can't.
訳 あなたはギターを弾くことはできますか。
訳 はい，できます。／いいえ，できません。

Should I stay here?
　→ Yes, you should. / No, you shouldn't.
訳 私はここにいるべきですか。
訳 はい，いるべきです。／いいえ，いるべきではありません。

〈助動詞を使った文の種類〉

文の種類	例文
肯定文	You can go out this evening. 今晩あなたは外出できる。
否定文	You can not (can't) go out this evening. 今晩あなたは外出できない。
疑問文	Can I go out this evening? 今晩，私は外出できますか。

〈助動詞のまとめ〉

助動詞	意味	例文
will	～するだろう ～するつもりだ	I will talk to him. 私は彼と話すつもりです。
can	～することができる ～してもよい	You can use the pen. そのペンを使ってもいいですよ。
may	～してもよい	May I ask a question? 質問してもよろしいですか。
must	～しなければならない	You must do your homework. あなたは宿題をしなければならない。
should	～するべきだ	You should read the book. あなたはその本を読むべきです。

〈助動詞を使った重要表現〉

助動詞	意味	例文
Will you ～?	～してくれませんか （相手に対して）	Will you come to the party? パーティーに来てくれませんか。
Shall I ～?	～しましょうか （私が）	Shall I open the door? ドアを開けましょうか。
Shall we ～?	～しませんか （いっしょに）	Shall we go shopping? 買い物に行きませんか。

重要文法 9 比較の構文

1 同等比較

⇒ as ～ as … 「…と同じくらい～」

He is as tall as I.

訳 彼は私と同じくらい背が高い。

⇒ not as ～ as … 「…ほどは～ない」

He is not as tall as my father.

訳 彼は私の父ほどは背が高くない。

2 比較級 「…より～」

⇒ ～er than … （短い語のとき）

He runs faster than I.

訳 彼は私よりも走るのが速い。

⇒ more ～ than … （長い語のとき）

This book is more interesting than that.

訳 この本はあの本よりもおもしろい。

3 最上級 「…の中で一番～」

⇒ the ～est of 複数 / in 場所 （短い語のとき）

He runs the fastest of all the boys in the class.

訳 彼はクラスの男子すべての中で一番走るのが速い。

⇒ the most ～ of 複数 / in 場所 （長い語のとき）

This book is the most interesting of the five.

訳 この本は5冊の中で一番おもしろい。

〈比較変化のまとめ〉

	比較変化	例文
短い語	原級 （もとの形）	He is tall.
	比較級	He is taller than his brother.
	最上級	He is the tallest of the three.
長い語	原級	This movie is interesting.
	比較級	This movie is more interesting than that.
	最上級	This movie is the most interesting of all.

4 注意すべき比較級・最上級

⇒以下の単語は例外なので，覚えましょう！

原級（もとの形）	比較級	最上級
good よい	better よりよい	best 最もよい
well 上手に	better より上手に	best 最も上手に
many （数が）多くの	more より多くの	most 最も多くの
much （量が）多くの	more より多くの	most 最も多くの

重要文法 10 動名詞と不定詞

1 動名詞

⇒ 動名詞は「動詞の原形」の後ろに「ing」をつけたものです。「~することと」の意味で用います。

My hobby is seeing movies.
訳 私の趣味は映画を見ることです。

⇒ enjoy（楽しむ），stop（やめる），finish（終える）などの決まった動詞の後ろには動名詞がきます。

We enjoyed playing tennis.
訳 私たちはテニスをして楽しんだ。

2 不定詞

⇒ 不定詞は「動詞の原形」の前に「to」を置いたものです。おもに以下の意味で用います。

1) 名詞的用法：「~すること」の意味

My hope is to go to London.
訳 私の希望はロンドンに行くことです。

2) 形容詞的用法：「~するための」の意味（前の名詞を説明する）

I want something to drink.
訳 私は何か飲むためのもの（飲み物）がほしい。

3) 副詞的用法：「~するために」の意味

We went to the park to play tennis.
訳 私たちはテニスをするために公園に行った。

4) 副詞的用法:「〜して」の意味（感情の原因を述べる）

I'm happy to see you again.

訳 私はあなたにまた会えてうれしいです。

⇒「望む」の意味の want, would like, hope など，決まった動詞の後ろには不定詞がきます。

I want to study history in college.

訳 私は大学で歴史の勉強をすることを望んでいる（歴史の勉強がしたい）。

〈動名詞と不定詞の用法〉

	種類	例文
動名詞	〜すること	I like swimming. 私は泳ぐことが好きです。
不定詞	名詞的用法 （〜すること）	I hope to see you again. 私はもう一度あなたに会うことを望んでいます。
	形容詞的用法 （〜するための）	I want something to read. 私は何か読むためのもの（読むもの）がほしい。
	副詞的用法 （〜するために）	I went to the store to buy some milk. 私は牛乳を買うためにその店に行った。
	副詞的用法 （〜して）	I was sad to hear the news. 私はその知らせを聞いて悲しかった。

重要文法 11 There is 構文

1 There is 構文の基本

⇒「There + be 動詞 + 主語」の形の There is 構文は,「何かがどこかに」存在することを表します。この there は「そこに」とは訳さず,単に「～がある／あった」「～がいる／いた」と訳します。

There is a cat on the sofa.
訳 ソファの上に猫が1匹います。

⇒ There is 構文では,be 動詞の後ろにくる名詞（主語）に be 動詞の形を合わせます。

1) 名詞が単数のとき

There is an apple on the table.
訳 テーブルの上にリンゴが1つあります。

There was an apple on the table.
訳 テーブルの上にリンゴが1つありました。

2) 名詞が複数のとき

There are some apples on the table.
訳 テーブルの上にリンゴがいくつかあります。

There were some apples on the table.
訳 テーブルの上にリンゴがいくつかありました。

2 There is 構文の否定文

⇒ There is 構文の否定文は,主語の前に no を置き,There is (are) no ～ / There was (were) no ～ の形にします。no の代わりに not any ～ を用いることもあります。

There are no cookies in the basket.
= There are not (aren't) any cookies in the basket.
訳 かごの中にはクッキーは1つもありません。

❸ There is 構文の疑問文

⇒ There is 構文の疑問文は，There と be 動詞を入れかえ，Is (Are) there 〜？ / Was (Were) there 〜？の形にします。

Is there a cat on the sofa?

訳 ソファの上に猫は**いますか**。

〈There is 構文の使い方：現在形〉

時制	主語	文の種類	例文
現在	単数	肯定文	There is a book on the desk.
		否定文	There is no book on the desk.
		疑問文	Is there a book on the desk?
	複数	肯定文	There are two chairs in the room.
		否定文	There are no chairs in the room.
		疑問文	Are there any chairs in the room?

〈There is 構文の使い方：過去形〉

時制	主語	文の種類	例文
過去	単数	肯定文	There was a book on the desk.
		否定文	There was no book on the desk.
		疑問文	Was there a book on the desk?
	複数	肯定文	There were two chairs in the room.
		否定文	There were no chairs in the room.
		疑問文	Were there any chairs in the room?

重要文法 12 命令文

1 命令文の基本

⇒ 動詞の原形から始まる文を命令文と呼びます。命令文は「～しなさい」「～せよ」の意味となります。

Speak more clearly.　　　訳 もっとはっきり話しなさい。

⇒ 「～してはならない」「～するな」の意味の「否定の命令文」は，動詞の前に Don't を置きます。

Don't touch it.　　　訳 それに触るな。

2 be 動詞の命令文

⇒ be 動詞のもとの形「be」をそのまま用います。

Be kind to others.　　　訳 他人には親切にしなさい。

⇒ 「～してはならない」「～するな」の意味の「否定の命令文」は，Don't be ～ の形となります。

Don't be noisy.　　　訳 騒ぐな。

〈命令文の種類〉

	種類	例文
一般動詞	命令文	Wash your hands.　手を洗いなさい。
	否定の命令文	Don't forget it.　それを忘れないで。
be動詞	命令文	Be quiet.　静かにしなさい。
	否定の命令文	Don't be afraid.　怖がらないで。

③ Please を使った命令文

⇒「Please ＋ 動詞の原形」が基本。少していねいな表現になります。文の後ろでコンマに続けて「～, please.」ともできます。

Please speak more slowly.
(**Speak** more slowly, **please**.)

訳 もう少しゆっくり話してください。

Please don't touch it.
(**Don't** touch it, **please**.)

訳 それに触らないでください。

Please be quiet.
(**Be** quiet, **please**.)

訳 静かにしてください。

④ Let's を使った命令文

⇒「Let's ＋ 動詞の原形」が基本。「～しましょう」と，相手を誘う意味になります。

Let's go to the library.

訳 図書館に行きましょう。

Let's be friends.

訳 友だちになろうよ。

名詞編

☐ **actor** 名 [ǽktər] 俳優	movie **actor**　映画俳優 📖 p.80
☐ **address** 名 [ədrés] 住所	What is your **address**? ご住所はどちらですか。
☐ **airport** 名 [ɛ́ərpɔ̀:rt] 空港	international **airport**　国際空港 📖 p.133
☐ **animal** 名 [ǽnəməl] 動物	Do you like **animals**? 動物が好きですか。
☐ **apartment** 名 [əpá:rtmənt] アパート	live in an **apartment**　アパートに住む
☐ **arm** 名 [á:rm] 腕	right **arm**　右腕 left **arm**　左腕
☐ **artist** 名 [á:rtist] 芸術家	become an **artist**　芸術家になる
☐ **badminton** 名 [bǽdmintn] バドミントン	**badminton** racket バドミントンのラケット 📖 p.22
☐ **bank** 名 [bǽŋk] 銀行	work for a **bank**　銀行に勤める 📖 p.12

スピーキングテスト

☑ **beach** 名 [bíːtʃ] 海辺, ビーチ	on the **beach**　浜辺で 📖 p.14
☑ **birthday** 名 [bɔ́ːrθdèi] 誕生日	**birthday** party　誕生日のパーティー 📖 p.12
☑ **boat** 名 [bóut] ボート	fishing **boat**　漁船
☑ **bookstore** 名 [búkstɔ̀ːr] 書店	online **bookstore**　オンライン書店 📖 p.36
☑ **bridge** 名 [brídʒ] 橋	build a **bridge**　橋をかける
☑ **brush** 名 [brʌ́ʃ] ブラシ	hair **brush**　ヘアブラシ 📖 p.53
☑ **butter** 名 [bʌ́tər] バター	bread and **butter**　バターつきのパン
☑ **cafeteria** 名 [kæfətíəriə] カフェテリア	eat lunch at **cafeteria** カフェテリアで昼食をとる 📖 p.103
☑ **calendar** 名 [kǽləndər] カレンダー	**calendar** on the wall　壁のカレンダー 📖 p.60
☑ **Canada** 名 [kǽnədə] カナダ	trip to **Canada**　カナダ旅行 ▶ Canadian 名 カナダ人, 　　　　　　　形 カナダの
☑ **care** 名 [kɛ́ər] 注意, 世話	Take **care**.　お大事に。 📖 p.33

重要文法

頻出単語

頻出熟語

☑ **center** 名
[séntər]
中央，中心

the **center** of town
街の**中心**

📖 p.40

☑ **centimeter** 名
[séntəmì:tər]
センチメートル

thirty **centimeter** fish
30 **センチメートル**の魚

📖 p.12

☑ **cherry** 名
[tʃéri]
桜

cherry tree　桜の木

☑ **chicken** 名
[tʃíkən]
鶏肉，鶏

chicken soup　チキンスープ

📖 p.76

☑ **children** 名
[tʃíldrən]
子どもたち

three **children**　3人の**子どもたち**
▶ child 子どもの複数形

☑ **China** 名
[tʃáinə]
中国

go to **China**　中国へ行く

📖 p.54

☑ **chopstick** 名
[tʃɑ́pstìk]
はし

eat with **chopsticks**　はしで食べる

☑ **class** 名
[klǽs]
クラス，授業

go to **class**　授業に行く

📖 p.20

☑ **clothes** 名
[klóuz]
衣服

old **clothes**　古着
▶ cloth 生地の複数形

☑ **clothing** 名
[klóuðiŋ]
衣類

winter **clothing**　冬着

📖 p.28

☑ **cloud** 名
[kláud]
雲

some **clouds** in the sky　空にある雲

34

☐ **club** 名
[klʌb]
クラブ

swimming **club**　水泳の**クラブ**
📖 p.96

☐ **coat** 名
[kóut]
コート

put on a **coat**　**コート**を着る

☐ **college** 名
[kálidʒ]
大学

women's **college**　女子**大学**
📖 p.32

☐ **comedy** 名
[kámədi]
コメディー, 喜劇

comedy movie　**コメディー**映画
📖 p.80

☐ **company** 名
[kʌ́mpəni]
会社

food **company**　食品**会社**
📖 p.28

☐ **computer** 名
[kəmpjú:tər]
コンピューター

member of the **computer** club
コンピューター部の部員
📖 p.14

☐ **concert** 名
[kánsə:rt]
コンサート

concert hall　**コンサート**ホール
📖 p.14

☐ **contest** 名
[kántest]
競技会, コンテスト

speech **contest**　スピーチ**コンテスト**
📖 p.96

☐ **cook** 名
[kúk]
料理人

good **cook**
料理が上手な人

📖 p.76

☐ **corner** 名
[kɔ́:rnər]
角

a **corner** of the room　部屋の角
📖 p.87

☐ **country** 名
[kʌ́ntri]
国

rainy **country**　雨の多い国
📖 p.14

☐ **couple** 名 [kʌ́pl] 夫婦	nice **couple**　すてきな夫婦 📖 p.80
☐ **course** 名 [kɔ́ːrs] コース, 科目	golf **course**　ゴルフ**コース**
☐ **cycling** 名 [sáikliŋ] サイクリング	go **cycling**　**サイクリング**に行く
☐ **date** 名 [déit] 日付, 日時	What's the **date** today? 今日は何日ですか。 📖 p.64
☐ **dentist** 名 [déntist] 歯科医	**dentist**'s office　歯科医院
☐ **dessert** 名 [dizə́ːrt] デザート	**dessert** after dinner 夕食後の**デザート** 📖 p.46
☐ **dictionary** 名 [díkʃənèri] 辞書	English-Japanese **dictionary** 英和**辞典** 📖 p.96
☐ **dish** 名 [díʃ] 皿	wash the **dishes**　皿を洗う
☐ **dollar** 名 [dálər] ドル	the US **dollar**　米**ドル** 📖 p.12
☐ **dolphin** 名 [dálfin] イルカ	**dolphin** show　**イルカ**のショー
☐ **doughnut** 名 [dóunət] ドーナッツ	chocolate **doughnut** チョコレート**ドーナッツ** 📖 p.80

スピーキングテスト

重要文法

頻出単語

頻出熟語

☐ **drama** 名
[drá:mə]
劇

drama contest　演劇の大会

📖 p.42

☐ **dream** 名
[drí:m]
夢

bad **dream**　悪夢

📖 p.76

☐ **dress** 名
[drés]
ドレス, 洋服

white **dress**　白いドレス

☐ **driver** 名
[dráivər]
運転手

truck **driver**
トラック運転手

📖 p.122

☐ **east** 名
[í:st]
東

in the **east** of ～　～の東に

☐ **elementary school** 名
[èləméntəri skù:l]
小学校

elementary school student　小学生

☐ **elevator** 名
[éləvèitər]
エレベーター

go up in the **elevator**
エレベーターで上がる

☐ **e-mail** 名
[í:méil]
電子メール, E メール

send an **e-mail**　電子メールを送る

📖 p.68

☐ **entrance** 名
[éntrəns]
入り口

the main **entrance**　正面の入り口

📖 p.64

☐ **eraser** 名
[iréisər]
消しゴム

buy a pen and an **eraser**
ペンと消しゴムを買う

📖 p.117

☐ **example** 名
[igzǽmpl]
例

another **example**　別の例

☐ **face** 名
[féis]
顔

beautiful **face** 美しい顔

☐ p.50

☐ **farm** 名
[fá:rm]
農場

pig **farm** 養豚場
▶ **farmer** 名 農場主

☐ **floor** 名
[fló:r]
階，床

the second **floor** 2階

☐ **flute** 名
[flú:t]
フルート

play the **flute** フルートを吹く

☐ p.96

☐ **food** 名
[fú:d]
食べ物

food store 食品店

☐ p.72

☐ **fruit** 名
[frú:t]
果物

delicious **fruit**
おいしい果物

☐ p.111

☐ **fun** 名
[fʌ́n]
楽しみ

Have **fun**. 楽しんで。

☐ p.22

☐ **future** 名
[fjú:tʃər]
将来

in the **future** 将来

☐ p.28

☐ **game** 名
[géim]
ゲーム，試合

indoor **games** 室内ゲーム

☐ p.45

☐ **garden** 名
[gá:rdn]
庭

rose **garden** バラの庭

☐ p.111

☐ **gate** 名
[géit]
門

open the **gate** 門を開ける

スピーキングテスト　重要文法　頻出単語　頻出熟語

☐ **gift** 名
[gíft]
贈り物

send a **gift**　贈り物を送る

📖 p.122

☐ **golf** 名
[gálf]
ゴルフ

play **golf**
ゴルフをする

☐ **group** 名
[grúːp]
集団

a **group** of boys　少年たちの集団

☐ **guest** 名
[gést]
客

guest room　客間

☐ **guitar** 名
[gitáːr]
ギター

Do you have a **guitar**?
あなたは**ギター**を持っていますか。
▶ guitarist 名　ギタリスト　📖 p.159

☐ **gym** 名
[dʒím]
体育館

in the **gym**　体育館で

📖 p.34

☐ **haircut** 名
[héərkʌt]
散髪

get a **haircut**　散髪する

☐ **Hawaii** 名
[həwáiiː]
ハワイ

live in **Hawaii**　ハワイに住む

📖 p.155

☐ **history** 名
[hístəri]
歴史

study **history**　歴史を勉強する

📖 p.11

☐ **hobby** 名
[hábi]
趣味

Collecting stamps is my **hobby**.
切手を集めることが私の**趣味**です。
📖 p.14

☐ **holiday** 名
[hálədèi]
休暇，祝日

Christmas **holiday**　クリスマス休暇

📖 p.113

☐ **hometown** 名 [hóumtáun] 生まれ故郷	my **hometown** 私の**生まれ故郷**
☐ **horse** 名 [hɔ́ːrs] 馬	**horse** riding 乗馬
☐ **hospital** 名 [háspitl] 病院	be in the **hospital** 入院している 📖 p.44
☐ **hotel** 名 [houtél] ホテル	stay at a **hotel** **ホテル**に宿泊する 📖 p.56
☐ **husband** 名 [hʌ́zbənd] 夫	good **husband** よい**夫** 📖 p.92
☐ **idea** 名 [aidíːə] 考え	Good **idea**. よい**考え**だね。 📖 p.16
☐ **information** 名 [infərméiʃən] 情報	**information** technology **情報**技術
☐ **instrument** 名 [ínstrəmənt] 楽器, 道具	musical **instrument** 楽器
☐ **key** 名 [kíː] かぎ	room **key** 部屋の**かぎ**
☐ **king** 名 [kíŋ] 王様	great **king** 偉大な**王**
☐ **lake** 名 [léik] 湖	**Lake** Biwa 琵琶湖 📖 p.12

□ **language** 名
[lǽŋgwidʒ]
言葉

foreign **language**　外国語

📖 p.42

□ **lemon** 名
[lémən]
レモン

tea with **lemon**　レモンティー

□ **lesson** 名
[lésn]
レッスン

piano **lesson**　ピアノのレッスン

📖 p.12

□ **library** 名
[láibrèri]
図書館

school **library**　学校の図書館

📖 p.12

□ **life** 名
[láif]
生活

happy **life**　幸せな生活

📖 p.72

□ **London** 名
[lʌ́ndən]
ロンドン

the tower of **London**　ロンドン塔

📖 p.135

□ **luck** 名
[lʌ́k]
運

good **luck**　幸運

📖 p.151

□ **map** 名
[mǽp]
地図

street **map**　市街地図

📖 p.14

□ **match** 名
[mǽtʃ]
試合

big **match**　大試合

□ **meeting** 名
[míːtiŋ]
会議

class **meeting**　クラスミーティング

📖 p.94

□ **member** 名
[mémbər]
メンバー，会員，部員

team **member**
チームのメンバー（一員）

📖 p.22

スピーキングテスト

重要文法

頻出単語

頻出熟語

□ **money** 名
[mʌ́ni]
お金

work for **money**　お金のために働く

📖 p.81

□ **monster** 名
[mɑ́nstər]
怪物

He saw a **monster**.
彼は怪物を見た。

□ **moon** 名
[múːn]
月

full **moon**　満月

□ **mountain** 名
[máuntən]
山

the top of the **mountain**　山頂

📖 p.120

□ **museum** 名
[mjuːzíːəm]
博物館，美術館

science **museum**　科学博物館

📖 p.14

□ **music** 名
[mjúːzik]
音楽

favorite **music**　好きな音楽

📖 p.22

□ **musician** 名
[mjuːzíʃən]
音楽家，ミュージシャン

famous **musician**
有名なミュージシャン

□ **newspaper** 名
[njúːzpèipər]
新聞

read a **newspaper**　新聞を読む

📖 p.64

□ **noodle** 名
[núːdl]
めん類，ヌードル

instant **noodle**　即席めん

□ **north** 名
[nɔ́ːrθ]
北

in the **north** of 〜　〜の北部に

□ **notebook** 名
[nóutbùk]
ノート

write in a **notebook**　ノートに書く

📖 p.93

☐ **office** 名 [ɔ́:fis] <ruby>会社<rt>かいしゃ</rt></ruby>，<ruby>事務所<rt>じ む しょ</rt></ruby>	**office** worker　<ruby>会社員<rt>かいしゃいん</rt></ruby> 　　　　　　　　　　📖 p.14
☐ **onion** 名 [ʌ́njən] <ruby>玉<rt>たま</rt></ruby>ねぎ	**onion** soup　<ruby>玉<rt>たま</rt></ruby>ねぎスープ 　　　　　　　　　　📖 p.122
☐ **oven** 名 [ʌ́vən] オーブン	gas **oven**　ガスオーブン
☐ **parade** 名 [pəréid] パレード	walk in a **parade**　パレードで<ruby>歩<rt>ある</rt></ruby>く
☐ **parent** 名 [péərənt] <ruby>親<rt>おや</rt></ruby>	my **parents**　<ruby>私<rt>わたし</rt></ruby>の<ruby>両親<rt>りょうしん</rt></ruby> 　　　　　　　　　　📖 p.72
☐ **part** 名 [páːrt] <ruby>部分<rt>ぶ ぶん</rt></ruby>	the first **part**　<ruby>第一部<rt>だいいち ぶ</rt></ruby> 　　　　　　　　　　📖 p.159
☐ **passport** 名 [pǽspɔːrt] パスポート	**passport** number　パスポート<ruby>番号<rt>ばんごう</rt></ruby> 　　　　　　　　　　📖 p.14
☐ **phone** 名 [fóun] <ruby>電話<rt>でん わ</rt></ruby>	mobile **phone**　<ruby>携帯電話<rt>けいたいでん わ</rt></ruby> 　　　　　　　　　　📖 p.34
☐ **piano** 名 [piǽnou] ピアノ	**piano** teacher　ピアノの<ruby>先生<rt>せんせい</rt></ruby> 　▶ pianist 名 　　ピアニスト，ピアノを<ruby>弾<rt>ひ</rt></ruby>く<ruby>人<rt>ひと</rt></ruby>　📖 p.12
☐ **pilot** 名 [páilət] パイロット	jet **pilot**　ジェット<ruby>機<rt>き</rt></ruby>のパイロット
☐ **pizza** 名 [píːtsə] ピザ	make a **pizza**　ピザを<ruby>作<rt>つく</rt></ruby>る 　　　　　　　　　　📖 p.72

スピーキングテスト

重要文法

頻出単語

頻出熟語

☐ **plane** 名
[pléin]
飛行機

plane to London
ロンドン行きの飛行機

☐ p.124

☐ **police officer** 名
[pəlíːs ɔ́ːfisər]
警察官

My brother is a **police officer**.
私の兄は警察官です。

☐ p.77

☐ **pond** 名
[pánd]
池

There is a **pond** in the park.
その公園には池がある。

☐ **pool** 名
[púːl]
プール

a swimming **pool**　スイミングプール

☐ p.58

☐ **postcard** 名
[póustkàːrd]
郵便はがき

send a **postcard**　はがきを送る

☐ p.154

☐ **poster** 名
[póustər]
ポスター

movie **poster**　映画のポスター

☐ **price** 名
[práis]
価格

low **price**　安い値段

☐ **problem** 名
[prábləm]
問題

difficult **problem**　難しい問題

☐ p.20

☐ **puppy** 名
[pápi]
子犬

The **puppy** became large.
その子犬は大きくなった。

☐ **question** 名
[kwéstʃən]
質問

answer the **question**　質問に答える

☐ p.11

☐ **quiz** 名
[kwíz]
クイズ

answer the **quiz**　クイズに答える

☑ **racket** 名
[rǽkit]
ラケット

tennis **racket** テニスラケット

📖 p.42

☑ **radio** 名
[réidiòu]
ラジオ

listen to the **radio** ラジオを聞く

📖 p.14

☑ **restaurant** 名
[réstərənt]
レストラン

French **restaurant** フランス料理店

📖 p.12

☑ **road** 名
[róud]
道路

road map 道路地図

☑ **rose** 名
[róuz]
バラ

rose tree バラの木

📖 p.158

☑ **salad** 名
[sǽləd]
サラダ

green **salad** 野菜サラダ

📖 p.76

☑ **sale** 名
[séil]
販売, バーゲンセール

on **sale** 特売で

📖 p.158

☑ **salesclerk** 名
[séilzklə̀ːrk]
店員

salesclerk at a department store
デパートの店員

☑ **salt** 名
[sɔ́ːlt]
塩

Pass me the **salt**, please.
塩を取ってください。

☑ **sandwich** 名
[sǽndwitʃ]
サンドイッチ

ham **sandwich**
ハムサンドイッチ

📖 p.54

☑ **schoolyard** 名
[skúːljàːrd]
校庭

small **schoolyard** 小さい校庭

☐ **science** 名
[sáiəns]
科学，理科

science teacher　理科の先生

☐ p.50

☐ **scientist** 名
[sáiəntist]
科学者

American **scientist**
アメリカ人の科学者

☐ p.28

☐ **sea** 名
[síː]
海

in the **sea**　海の中

☐ p.12

☐ **season** 名
[síːzn]
季節

four **seasons**　四季

☐ p.34

☐ **sheep** 名
[ʃíːp]
羊

a lot of **sheep**　たくさんの羊
▶複数形も sheep

☐ **ship** 名
[ʃíp]
船

travel by **ship**　船旅

☐ **shirt** 名
[ʃə́ːrt]
シャツ

sports **shirt**　スポーツシャツ

☐ p.72

☐ **shoes** 名
[ʃúːz]
靴

wear **shoes**
靴をはいている

☐ **shopping** 名
[ʃápiŋ]
買い物

go **shopping**　買い物に行く

☐ p.34

☐ **shoulder** 名
[ʃóuldər]
肩

shoulder bag　肩かけかばん

☐ **shower** 名
[ʃáuər]
シャワー

take a **shower**　シャワーを浴びる

スピーキングテスト

重要文法

頻出単語

頻出熟語

☐ **singer** 名
[síŋər]
歌手

bad **singer**　歌の下手な人

☐ **size** 名
[sáiz]
大きさ

large **size**　L サイズ

☐ p.91

☐ **skirt** 名
[skə́:rt]
スカート

pretty **skirt**
かわいいスカート

☐ **sky** 名
[skái]
空

a blue **sky**　青い空

☐ **snack** 名
[snǽk]
軽食, おやつ

afternoon **snack**　午後のおやつ

☐ **socks** 名
[sáks]
靴下

Take off your **socks**, please.
靴下を脱いでください。

☐ **sofa** 名
[sóufə]
ソファ

sit on the **sofa**　ソファに座る

☐ **sound** 名
[sáund]
音

noisy **sound**　うるさい音

☐ p.96

☐ **south** 名
[sáuθ]
南

south wind　南風

☐ p.12

☐ **spaghetti** 名
[spəgéti]
スパゲティ

Italian **spaghetti**
イタリアンスパゲティ

☐ p.73

☐ **stadium** 名
[stéidiəm]
スタジアム

baseball **stadium**　野球場

☐ p.14

☐ **stamp** 名
[stémp]
切手

Canadian **stamp**　カナダの切手

☐ **star** 名
[stá:r]
星

see **stars**　星を見る

p.154

☐ **stationery shop** 名
[stéiʃənèri ʃàp]
文房具店

buy a pen at a **stationery shop**
文房具店でペンを買う

☐ **steak** 名
[stéik]
ステーキ

beef **steak**　ビーフステーキ

☐ **stew** 名
[stjú:]
シチュー

beef **stew**　ビーフシチュー

p.92

☐ **story** 名
[stɔ́:ri]
物語

funny **story**　こっけいな話

p.96

☐ **strawberry** 名
[strɔ́:bèri]
イチゴ

strawberry cake　イチゴケーキ

p.80

☐ **subject** 名
[sʌ́bdʒikt]
科目

favorite **subject**　大好きな科目

p.42

☐ **subway** 名
[sʌ́bwèi]
地下鉄

take the **subway**　地下鉄に乗る

☐ **sugar** 名
[ʃúgər]
砂糖

brown **sugar**　黒砂糖

p.128

☐ **supermarket** 名
[sú:pərmà:rkit]
スーパーマーケット

go to the **supermarket**
スーパーマーケットに行く

p.64

☐ **sweater** 名
[swétər]
セーター

warm **sweater** 暖かいセーター

☐ **taxi** 名
[tǽksi]
タクシー

go by **taxi** タクシーで行く

☐ p.133

☐ **tent** 名
[tént]
テント

outside **tent** 野外テント

☐ p.110

☐ **test** 名
[tést]
テスト

math **test** 数学のテスト

☐ p.24

☐ **theater** 名
[θíːətər]
劇場

movie **theater** 映画館

☐ p.80

☐ **thing** 名
[θíŋ]
もの，こと

beautiful **thing** 美しいもの

☐ p.76

☐ **thousand** 名
[θáuzənd]
1000，千

five **thousand** 五千

☐ **ticket** 名
[tíkit]
切符

theater **ticket** 芝居のチケット

☐ p.12

☐ **tie** 名
[tái]
ネクタイ

blue **tie** 青いネクタイ

☐ p.110

☐ **toast** 名
[tóust]
トースト

eat **toast** for breakfast
朝食にトーストを食べる

☐ **tooth** 名
[túːθ]
歯

bad **tooth** 虫歯
▶複数形は teeth

☐ p.53

スピーキングテスト

重要文法

頻出単語

頻出熟語

☐ **top** 名 [táp] 頂上，トップ	the **top** of the hill　丘の頂上
☐ **towel** 名 [táuəl] タオル	wet **towel**　濡れたタオル 📖 p.96
☐ **town** 名 [táun] 町	small **town**　小さな町 📖 p.40
☐ **toy** 名 [tɔ́i] おもちゃ	play with a **toy**　おもちゃで遊ぶ 📖 p.72
☐ **trip** 名 [tríp] 旅行	bus **trip**　バス旅行 📖 p.12
☐ **trumpet** 名 [trʌ́mpit] トランペット	**trumpet** player トランペットを演奏する人
☐ **tulip** 名 [tjúːlip] チューリップ	red **tulip**　赤いチューリップ
☐ **umbrella** 名 [ʌmbrélə] 傘	Take your **umbrella** with you. 傘を持っていきなさい。 📖 p.38
☐ **uniform** 名 [júːnəfɔ̀ːrm] 制服	school **uniform**　学校の制服 📖 p.42
☐ **vacation** 名 [veikéiʃən] 休暇	summer **vacation**　夏期休暇 📖 p.12
☐ **video** 名 [vídiòu] ビデオ	watch a **video**　ビデオを見る 📖 p.110

☑ **village** 名 [vílidʒ] 村	a big **village**　大きな村
☑ **violin** 名 [vàiəlín] バイオリン	the first **violin**　第一バイオリン ▶ violinist 名　バイオリニスト 📖 p.116
☑ **volleyball** 名 [válibɔ̀:l] バレーボール	**volleyball** player　バレーボールの選手 📖 p.130
☑ **wall** 名 [wɔ́:l] 壁	a white **wall**　白い壁
☑ **wallet** 名 [wálit] 財布	lose *one's* **wallet**　財布をなくす 📖 p.80
☑ **watch** 名 [wátʃ] 腕時計, 動 見る	digital **watch**　デジタルウオッチ 📖 p.76
☑ **weather** 名 [wéðər] 天気	fine **weather**　晴天 📖 p.14
☑ **weekend** 名 [wí:kènd] 週末	**weekend** trip　週末旅行 📖 p.12
☑ **west** 名 [wést] 西	the **West** Coast　西海岸
☑ **whale** 名 [hwéil] クジラ	**whale** watching クジラの観察
☑ **wind** 名 [wínd] 風	The **wind** is weak.　風が弱い。

スピーキングテスト

重要文法

頻出単語

頻出熟語

□ **world** 名
[wə́ːrld]
世界

all over the **world**　**世界**中で

□ **writer** 名
[ráitər]
作家

the best **writer**　最も優れた**作家**

📖 p.14

□ **zebra** 名
[zíːbrə]
シマウマ

see **zebras** at a zoo
動物園で**シマウマ**を見る

動詞編

□ **answer** 動
[ǽnsər]
〜に答える

answer the question　質問に答える

📖 p.11

□ **arrive** 動
[əráiv]
着く

arrive at the station　駅に着く

📖 p.26

□ **ask** 動
[ǽsk]
〜をたずねる

ask many questions
たくさんの質問をする

📖 p.16

□ **become** 動
[bikʌ́m]
〜になる

become a dentist　歯科医になる

📖 p.18

□ **begin** 動
[bigín]
〜を始める

It **began** to rain.　雨が降りだした。

📖 p.58

□ **borrow** 動
[bárou]
〜を借りる

borrow a dictionary　辞書を借りる
▶ lend は「〜を貸す」

📖 p.16

□ **bring** 動
[bríŋ]
〜を持ってくる

Bring me some water.
私に水を持ってきて。

📖 p.16

スピーキングテスト

重要文法

頻出単語

頻出熟語

☐ **buy** 動 [bái] 〜を買う	**buy** ice cream アイスクリームを買う
☐ **call** 動 [kɔ́:l] 〜を呼ぶ，〜に電話する	**call** her name　彼女の名前を呼ぶ 📖 p.18
☐ **carry** 動 [kǽri] 〜を運ぶ	**carry** a suitcase　スーツケースを運ぶ 📖 p.26
☐ **catch** 動 [kǽtʃ] 〜を捕らえる	**catch** a mouse　ネズミを捕らえる 📖 p.18
☐ **check** 動 [tʃék] 〜を確認する	I will **check** it later. あとで確認します。
☐ **clean** 動 [klí:n] 〜を掃除する	**clean** the room　部屋を掃除する ▶ cleaning 名 掃除 📖 p.20
☐ **cut** 動 [kʌ́t] 〜を切る	**cut** a tree　木を切る 📖 p.18
☐ **draw** 動 [drɔ́:] (絵)を描く	**draw** a map　地図を描く ▶ paint は「〈絵の具で〉（絵を）描く」 📖 p.19
☐ **drive** 動 [dráiv] 〜を運転する	**drive** a car 車を運転する
☐ **drop** 動 [drάp] 〜を落とす，落ちる	An apple **dropped** from the tree. リンゴが木から１個落ちた。 📖 p.18
☐ **feel** 動 [fí:l] 〜を感じる	**feel** cold　寒く感じる 📖 p.26

☐ **find** 動	**find** a good job　よい仕事を見つける
[fáind]	
〜を見つける	📖 p.38

☐ **finish** 動	**finish** my homework　宿題を終える
[fíniʃ]	
〜を終える	📖 p.37

☐ **forget** 動	**forget** his name　彼の名前を忘れる
[fərgét]	
〜を忘れる	📖 p.117

☐ **give** 動	**give** her a book　彼女に本を与える
[gív]	
〜を与える	📖 p.16

☐ **grow** 動	**grow** up　成長する
[gróu]	
〜を育てる，育つ	📖 p.111

☐ **hear** 動	I can **hear** the sound of the wind.
[híər]	風の音が聞こえる。
〜が聞こえる	

☐ **hope** 動	**hope** to see you again
[hóup]	またあなたに会いたい
〜を希望する	📖 p.37

☐ **invite** 動	**invite** him to the party
[inváit]	彼をパーティーに招く
〜を招く	📖 p.16

☐ **keep** 動	Please **keep** silent.
[kíːp]	どうか静かにしてください。
〜を保つ，〜し続ける	📖 p.16

☐ **laugh** 動	Don't **laugh** at me.　私を笑わないで。
[lǽf]	
笑う	📖 p.80

☐ **learn** 動	**learn** French　フランス語を学ぶ
[lə́ːrn]	
〜を学ぶ	📖 p.42

スピーキングテスト

重要文法

頻出単語

頻出熟語

☑ **leave** 動
[líːv]
〜を去る，出発する，置き忘れる

leave Tokyo　東京を出発する

📖 p.32

☑ **meet** 動
[míːt]
〜に会う

meet my friend　自分の友だちに会う

☑ **paint** 動
[péint]
(絵)を描く

paint a picture
絵を描く

📖 p.18

☑ **play** 動
[pléi]
〜を演奏する

play the piano　ピアノを演奏する

☑ **receive** 動
[risíːv]
〜を受け取る

receive a gift　贈り物を受け取る

📖 p.69

☑ **remember** 動
[rimémbər]
〜を覚えている

remember his name
彼の名前を覚えている

☑ **ride** 動
[ráid]
〜に乗る

ride a train　列車に乗る

📖 p.18

☑ **send** 動
[sénd]
(物を)送る

send a postcard　はがきを送る

📖 p.151

☑ **show** 動
[ʃóu]
〜を見せる

show her my pictures
彼女に自分の写真を見せる

📖 p.16

☑ **smile** 動
[smáil]
ほほえむ

smile happily
幸せそうにほほえむ

📖 p.80

☑ **start** 動
[stáːrt]
〜を始める，始まる

The show **starts** at eight.
そのショーは 8 時に始まる。

📖 p.59

☐ **stay** 動
[stéi]
滞在する

stay at a hotel　ホテルに滞在する

📖 p.28

☐ **stop** 動
[stáp]
～を止める，止まる

stop time　時間を止める

☐ **take** 動
[téik]
～を持っていく，取る

take an umbrella　傘を持っていく

📖 p.12

☐ **tell** 動
[tél]
～を話す，言う

tell a lie　嘘を言う

📖 p.16

☐ **think** 動
[θíŋk]
(～を)考える，思う

think about it　それについて考える

📖 p.18

☐ **try** 動
[trái]
～を試す

Let's **try** it.　やってみよう。

📖 p.76

☐ **understand** 動
[ʌ̀ndərstǽnd]
～を理解する

understand the question
質問を理解する

📖 p.68

☐ **visit** 動
[vízit]
～を訪れる

visit my grandfather　祖父を訪ねる

📖 p.14

☐ **wait** 動
[wéit]
待つ

Wait a moment, please.
少し待ってください。

📖 p.34

☐ **wash** 動
[wáʃ]
～を洗う

wash my hands　手を洗う

📖 p.26

☐ **wear** 動
[wéər]
～を身につけている

wear glasses　メガネをかけている

📖 p.18

スピーキングテスト

重要文法

頻出単語

頻出熟語

☑ **win** 動
[wín]
〜に勝つ

win the game　試合に勝つ
📖 p.129

☑ **worry** 動
[wə́:ri]
心配する

Don't **worry**.　心配するな。
📖 p.64

形容詞編

☑ **busy** 形
[bízi]
忙しい

I'm **busy** now.
今は忙しいです。
📖 p.14

☑ **cheap** 形
[tʃíːp]
安い

cheap car　安い車
📖 p.22

☑ **clever** 形
[klévər]
賢い

clever child　賢い子ども
📖 p.20

☑ **dear** 形
[díər]
親愛なる

Dear Jane.　親愛なるジェーン。
📖 p.68

☑ **different** 形
[dífərənt]
違う

different answer　違う答え

☑ **difficult** 形
[dífikʌlt]
難しい

difficult math problem
難しい数学の問題
📖 p.98

☑ **dirty** 形
[də́ːrti]
汚い

dirty room　汚い部屋
📖 p.20

☑ **expensive** 形
[ikspénsiv]
(金額が)高い，高価な

expensive dress　高価なドレス
📖 p.20

☐ **famous** 形
[féiməs]
有名な

famous singer　有名な歌手

☐ p.22

☐ **favorite** 形
[féivərit]
大好きな

favorite color　大好きな色

☐ p.22

☐ **fine** 形
[fáin]
すばらしい，良質な

a **fine** day　すばらしい日

☐ **free** 形
[frí:]
自由な，暇な

free time　暇な時間

☐ p.58

☐ **full** 形
[fúl]
いっぱいの，満腹の

full train　満員電車

☐ p.89

☐ **great** 形
[gréit]
すばらしい

great teacher　すばらしい先生

☐ p.16

☐ **heavy** 形
[hévi]
重い

heavy bag　重いかばん

☐ p.20

☐ **high** 形
[hái]
高い

a **high** building　高い建物

☐ **hungry** 形
[hʌ́ŋgri]
空腹の

feel **hungry**
空腹を感じる

☐ p.20

☐ **interesting** 形
[íntərəstiŋ]
おもしろい

interesting book　おもしろい本

☐ p.20

☐ **kind** 形
[káind]
親切な，名 種類

kind people　親切な人々

☐ p.22

スピーキングテスト

重要文法

頻出単語

頻出熟語

☐ **large** 形
[láːrdʒ]
大きい, 広い

a **large** size　大きいサイズ

☐ **late** 形
[léit]
(時間的に)遅い

a **late** show　遅い時間の番組

☐ **next** 形
[nékst]
次の

next Wednesday　次の水曜日

📖 p.12

☐ **nice** 形
[náis]
よい, 素敵な

a **nice** day　素敵な日

☐ **popular** 形
[pápjulər]
人気のある

a **popular** singer　人気のある歌手

☐ **quiet** 形
[kwáiət]
静かな

quiet place　静かな場所

📖 p.22

☐ **rainy** 形
[réini]
雨の

rainy day　雨の日

📖 p.42

☐ **ready** 形
[rédi]
準備ができて

Are you **ready**?　準備はいいですか。

📖 p.20

☐ **short** 形
[ʃɔːrt]
短い

a **short** time　短い時間

☐ **sleepy** 形
[slíːpi]
眠い

feel **sleepy**
眠く感じる

📖 p.11

☐ **slow** 形
[slóu]
(速度的に)遅い

a **slow** speed　遅いスピード

☐ **soft** 形 [sɔ́:ft] やわらかい	**soft** foods　やわらかい食<ruby>た<rt></rt></ruby>べ物<ruby>もの<rt></rt></ruby>
☐ **sunny** 形 [sʌ́ni] 天<ruby>てん<rt></rt></ruby>気<ruby>き<rt></rt></ruby>のよい	**sunny** day　晴<ruby>は<rt></rt></ruby>れた日<ruby>ひ<rt></rt></ruby> 📖 p.45
☐ **tired** 形 [táiərd] 疲<ruby>つか<rt></rt></ruby>れた	become **tired** 疲<ruby>つか<rt></rt></ruby>れる 📖 p.24
☐ **useful** 形 [júːsfəl] 役<ruby>やく<rt></rt></ruby>に立<ruby>た<rt></rt></ruby>つ, 実<ruby>じつ<rt></rt></ruby>用<ruby>よう<rt></rt></ruby>的<ruby>てき<rt></rt></ruby>な	**useful** things　実<ruby>じつ<rt></rt></ruby>用<ruby>よう<rt></rt></ruby>的<ruby>てき<rt></rt></ruby>なもの

副<ruby>ふく<rt></rt></ruby>詞<ruby>し<rt></rt></ruby>編<ruby>へん<rt></rt></ruby>

☐ **ago** 副 [əgóu] 〜前<ruby>まえ<rt></rt></ruby>	ten years **ago**　10年<ruby>ねん<rt></rt></ruby>前<ruby>まえ<rt></rt></ruby> 📖 p.18
☐ **also** 副 [ɔ́:lsou] 〜もまた	My father is a teacher. My mother is **also** a teacher. 私<ruby>わたし<rt></rt></ruby>の父<ruby>ちち<rt></rt></ruby>は教<ruby>きょう<rt></rt></ruby>師<ruby>し<rt></rt></ruby>です。母<ruby>はは<rt></rt></ruby>**もまた**教<ruby>きょう<rt></rt></ruby>師<ruby>し<rt></rt></ruby>です。
☐ **always** 副 [ɔ́:lweiz] いつも	She is **always** busy. 彼<ruby>かのじょ<rt></rt></ruby>女は**いつも**忙<ruby>いそが<rt></rt></ruby>しい。 📖 p.25
☐ **early** 副 [ɔ́:rli] 早<ruby>はや<rt></rt></ruby>く	get up **early**　早<ruby>はや<rt></rt></ruby>く起<ruby>お<rt></rt></ruby>きる 📖 p.11
☐ **easily** 副 [í:zili] 簡<ruby>かん<rt></rt></ruby>単<ruby>たん<rt></rt></ruby>に	win **easily**　簡<ruby>かん<rt></rt></ruby>単<ruby>たん<rt></rt></ruby>に勝<ruby>か<rt></rt></ruby>つ 📖 p.24
☐ **hard** 副 [háːrd] 一<ruby>いっ<rt></rt></ruby>生<ruby>しょう<rt></rt></ruby>懸<ruby>けん<rt></rt></ruby>命<ruby>めい<rt></rt></ruby>	practice **hard**　一<ruby>いっ<rt></rt></ruby>生<ruby>しょう<rt></rt></ruby>懸<ruby>けん<rt></rt></ruby>命<ruby>めい<rt></rt></ruby>練<ruby>れん<rt></rt></ruby>習<ruby>しゅう<rt></rt></ruby>する 📖 p.24

□ **later** 副 [léitər] あとで	See you **later**.　また**あとで**。 📖 p.20
□ **maybe** 副 [méibi] たぶん	**Maybe** it will rain. **たぶん**雨が降るだろう。 📖 p.103
□ **now** 副 [náu] 今, さて	Are they at home **now**? 彼らは**今**, 家にいるの。 📖 p.20
□ **often** 副 [ɔ́:fən] しばしば	I **often** see him.　私は**よく**彼に会う。 📖 p.24
□ **once** 副 [wʌ́ns] 一度	**once** a week　週に**一度** 📖 p.32
□ **outside** 副 [áutsáid] 外に, 外側に	play **outside**　**外**で遊ぶ
□ **really** 副 [ríːəli] 本当に	**really** tired　**本当に**疲れている 📖 p.20
□ **slowly** 副 [slóuli] 遅く, ゆっくり	walk **slowly**　**ゆっくり**歩く
□ **together** 副 [təgéðər] いっしょに	go **together** **いっしょに**行く 📖 p.24
□ **tonight** 副 [tənáit] 今日の夜, 今夜	Are you free **tonight**? **今夜**は暇ですか。 📖 p.123
□ **usually** 副 [júːʒuəli] たいてい	Do you **usually** walk to school? あなたは**たいてい**歩いて学校へ行きますか。 📖 p.14

スピーキングテスト

重要文法

頻出単語

頻出熟語

動詞中心の熟語

☑ **arrive at ～**

～に到着する

They **arrived at** the station.
彼らは駅に到着した。

📖 p.80

☑ **look for ～**

～を探す

What are you **looking for**?
あなたは何を探しているのですか？

📖 p.33

☑ **wait for ～**

～を待つ

I'm **waiting for** John.
私はジョンを待っています。

☑ **work for ～**

～で働く

He **worked for** the company for 20 years.
彼はその会社で20年間働いた。

📖 p.29

☑ **get on ～**

～に乗る

get on the bus
バスに乗る

📖 p.29

☑ **get off ～**

～から降りる

get off the train
列車から降りる

📖 p.29

☑ **talk about ～**

～について語る

talk about the problem
その問題について語る

📖 p.57

62

☑ **hurry up** 急ぐ _{いそ}	Let's **hurry up**. さあ急ごう。 _{いそ} 📖 p.27
☑ **pick up** ～ ～を拾う，取る _{ひろ} _と	He **picked up** the pen. 彼はペンを拾った。 _{かれ} _{ひろ} 📖 p.64
☑ **give up** ～ ～をあきらめる	They **gave up** the plan. 彼らはその計画をあきらめた。 _{かれ} _{けいかく}
☑ **have a good time** 楽しい時を過ごす _{たの} _{とき} _す	**have a good time** at the party パーティで楽しい時を過ごす _{たの} _{とき} _す 📖 p.19
☑ **have a headache** 頭痛がする _{ず つう}	Don't be noisy. I **have a headache**. 騒がないで。頭痛がするから。 _{さわ} _{ず つう} 📖 p.29
☑ **have a cold** かぜをひいている	**have a** bad **cold** ひどいかぜをひいている ▶ **catch (a) cold**　かぜをひく 📖 p.18
☑ **take a bath** お風呂に入る _{ふ ろ はい}	I don't **take a bath** every day. 私は毎日はお風呂に入りません。 _{わたし まいにち ふ ろ はい} 📖 p.29
☑ **take a shower** シャワーを浴びる _あ	But I **take a shower** every day. しかし毎日シャワーを浴びます。 _{まいにち あ}
☑ **take a walk** 散歩に出かける _{さん ぽ で}	Let's **take a walk**. 散歩に行こう。 _{さん ぽ い}

☑ **take medicine**

Take this **medicine** three times a day.
1日3回この薬を飲んでください。

薬を飲む

📖 p.28

☑ **go to bed**

I **went to bed** early last night.
私は昨夜は早く寝ました。

寝る

📖 p.24

☑ **go on a trip**

We **went on a trip** to Kyoto.
私たちは京都を旅行した。

旅行する

☑ **go shopping**

We will **go shopping** this afternoon.
私たちは今日の午後、買い物に行くつもりです。

▶ **go swimming** 泳ぎに行く

買い物に行く

📖 p.36

☑ **see a doctor**

You must **see a doctor**.
医者に診てもらわないとだめだよ。

医者に診てもらう

📖 p.27

☑ **answer the phone**

Her mother **answered the phone**.
彼女の母が電話に出た。

電話に出る

☑ **do** *one's* **homework**

I was busy **doing my homework** yesterday.
昨日は宿題をするのに忙しかった。

宿題をする

📖 p.16

☑ **help ～ with ...**

My brother **helped** me **with** my homework.
兄が私の宿題を手伝ってくれた。

～の…を手伝う

📖 p.36

☑ **make friends with ～**

I **made friends with** the boy.
私はその少年と友だちになった。

～と友だちになる

📖 p.33

← 矢印の方向に引くと、取り外し可能です